Título:
A Reforma Tributária Brasileira
Formato: Livro Digital e Impresso
Veiculação: Impresso e Digital
1ª edição revisada
Copyright © Heron Robledo – 2024

ISBN: 978-65-01-15738-2

Heron Robledo.

A REFORMA TRIBUTÁRIA BRASILEIRA

Projeto de Lei 68/2024.

O guia prático para dominar as novas regras.

ÍNDICE.

INTRODUÇÃO.

Desde o início dos anos 1960, o sistema tributário brasileiro passou por mudanças significativas, refletindo as necessidades de um país em constante desenvolvimento. O sistema tributário, que inicialmente era simples e focado em poucos tributos, tornou-se cada vez mais complexo com o surgimento de novos impostos e contribuições ao longo das décadas. Cada tributo trazia consigo especificidades que ampliavam a carga burocrática e as obrigações acessórias dos contribuintes. A história de alguns dos principais tributos é crucial para entender o cenário atual e a urgência da Reforma Tributária proposta pelo Projeto de Lei nº 68/2024.

ICMS Imposto sobre Circulação de Mercadorias e Serviços.

O ICMS foi instituído pela Constituição Federal de 1988, substituindo o antigo Imposto sobre Circulação de Mercadorias (ICM), criado em 1967 no contexto da Reforma Tributária promovida pelo governo militar. A principal função do ICMS sempre foi permitir que os estados e o Distrito Federal arrecadassem tributos sobre a circulação de mercadorias e alguns serviços, como transporte e comunicação. Ao longo dos anos, o ICMS tornou-se a maior fonte de receita para os estados, mas também gerou grande complexidade devido às diferentes alíquotas aplicadas entre os entes federativos, causando a chamada "guerra fiscal" entre os estados.

ICMS Histórico das Alíquotas.

As alíquotas do ICMS variam de estado para estado, com o valor inicial sendo definido pela Constituição de 1988. No início, a alíquota geral era em torno de 17% para a maioria dos estados. No entanto, com o tempo, os estados ajustaram as alíquotas de acordo com suas necessidades fiscais e econômicas, levando a variações significativas entre eles. A chamada "guerra fiscal" intensificou-se com a concessão de benefícios fiscais, criando uma competição entre os estados para atrair empresas, o que gerou uma maior discrepância nas alíquotas. Atualmente, as alíquotas podem variar entre 12% e 25%, dependendo do estado e do tipo de mercadoria ou serviço.

IPI Imposto sobre Produtos Industrializados.

Criado pela Constituição de 1967, o IPI é um imposto de competência da União, incidente sobre produtos industrializados. Sua função é regulatória, permitindo ao governo federal utilizar o tributo como instrumento de política econômica, alterando alíquotas para estimular ou conter a produção de determinados setores. O IPI, desde sua criação, foi utilizado como uma ferramenta de incentivo industrial, mas também tornou-se um imposto de grande relevância na arrecadação federal, sendo calculado com base no valor agregado em cada etapa de industrialização.

IPI Histórico das Alíquotas.

O IPI possui uma característica regulatória, o que significa que suas alíquotas podem ser alteradas pelo governo federal conforme os objetivos econômicos e fiscais. Historicamente, as alíquotas variaram entre 10% e 20% para a maioria dos produtos industrializados. No entanto, produtos considerados essenciais ou estratégicos, como alimentos básicos, possuem alíquotas reduzidas ou isenção. Já produtos de luxo, como carros de alto valor, bebidas alcoólicas e cigarros, sempre tiveram alíquotas elevadas, chegando a ultrapassar 30%. O governo também utilizou o IPI como ferramenta de estímulo à indústria nacional, reduzindo temporariamente as alíquotas para setores estratégicos em momentos de crise econômica.

ISS Imposto sobre Serviços.

O ISS foi instituído pelo Decreto-Lei n° 406, de 1968, como uma resposta à crescente demanda dos municípios por uma fonte de arrecadação própria. É um tributo de competência municipal e incide sobre a prestação de serviços. Ao longo dos anos, o ISS foi sendo ampliado para abranger uma gama maior de serviços, acompanhando as mudanças econômicas do Brasil, como o crescimento do setor de serviços na economia. No entanto, como outros tributos brasileiros, o ISS também enfrentou desafios relacionados à uniformidade de alíquotas e à tributação em diferentes municípios.

ISS Histórico das Alíquotas.

O ISS também varia conforme o município, mas a Lei Complementar nº 116, de 2003, estabeleceu um piso de 2% e um teto de 5% para o imposto. Historicamente, as alíquotas costumavam ficar mais próximas do limite inferior (2%) para serviços com maior elasticidade da demanda, como tecnologia e publicidade. No entanto, à medida que a prestação de serviços ganhou maior relevância na economia, muitas cidades começaram a aplicar alíquotas mais altas, especialmente em serviços de luxo ou de natureza específica, como advocacia e consultoria.

PIS Programa de Integração Social.

O PIS foi criado em 1970, durante o governo militar, como uma contribuição social voltada para o financiamento do seguro-desemprego e outras políticas de integração social. Sua base de cálculo é o faturamento das empresas, e, ao longo das décadas, o PIS passou por diversas reformulações, com a instituição do PIS/PASEP, e, mais recentemente, sua convergência com a COFINS no regime de não cumulatividade para determinadas empresas.

PIS Histórico das Alíquotas.

As alíquotas do PIS variam conforme o regime de apuração. No regime cumulativo, a alíquota histórica sempre foi de 0,65% sobre o faturamento bruto. Com a

IRPJ Imposto de Renda da Pessoa Jurídica.

O IRPJ é um dos impostos mais antigos e importantes do sistema tributário brasileiro, remontando à década de 1920. No entanto, sua estrutura moderna foi definida ao longo dos anos, com importantes reformas nas décadas de 1960 e 1980. O IRPJ incide sobre o lucro das empresas e possui diferentes regimes de apuração, como o lucro real, presumido ou arbitrado, o que proporciona flexibilidade às empresas, mas também aumenta a complexidade no planejamento tributário.

IRPJ Histórico das Alíquotas.

O IRPJ sofreu várias mudanças ao longo das décadas. Até o início dos anos 1980, a alíquota efetiva do IRPJ era significativamente menor do que a atual, variando entre 10% e 20%, dependendo do setor. A partir de 1995, a alíquota foi fixada em 15% sobre o lucro apurado, com um adicional de 10% para lucros acima de um determinado limite. Esse adicional visava aumentar a arrecadação sobre grandes empresas, mas também elevou a complexidade da apuração tributária, já que diferentes faixas de tributação foram criadas para o IRPJ.

A Evolução até o PL 68/2024.

Ao longo das décadas, a sobreposição de tributos, a falta de simplificação e a competitividade fiscal entre os estados e municípios criaram um sistema tributário que é amplamente considerado um dos mais complexos do mundo. Diversas tentativas de reforma foram feitas ao longo dos anos, mas nenhuma conseguiu resolver os principais problemas do sistema, como a alta carga tributária, a burocracia excessiva e as disputas federativas.

O Projeto de Lei nº 68/2024 propõe uma mudança radical nesse cenário, unificando tributos e simplificando o processo de arrecadação. A proposta visa a criação de um Imposto sobre Bens e Serviços (IBS), que substituiria o ICMS, o ISS, o IPI, o PIS e a COFINS, proporcionando um sistema mais justo, moderno e eficiente. Este livro examinará detalhadamente essa reforma e seus impactos potenciais para o Brasil, tanto no aspecto econômico quanto no social.

Comparação entre o Sistema Tributário Atual e o PL 68/2024.

O sistema tributário brasileiro, marcado pela diversidade de impostos e contribuições, evoluiu ao longo das décadas com a criação de tributos como o ICMS, IPI, ISS, PIS, COFINS, CSLL e o IRPJ. Essas mudanças refletiram as necessidades econômicas de cada período, mas também tornaram o sistema cada vez mais complexo e oneroso. O PL 68/2024 propõe uma ruptura com esse modelo, visando simplificar a estrutura tributária por meio da criação de um Imposto sobre Bens e Serviços (IBS), que unifica diversos tributos e adota um regime mais moderno de alíquotas.

ICMS x IBS.

O ICMS se destaca pela complexidade em função das alíquotas interestaduais e intramunicipais variáveis, além da "guerra fiscal" entre estados. Atualmente, as alíquotas variam de 12% a 25%, conforme o estado e o tipo de mercadoria ou serviço, o que gera distorções no sistema. O PL 68/2024 propõe substituir o ICMS pelo IBS Imposto sobre Bens e Serviços, cuja alíquota será única para cada ente federativo, promovendo maior simplicidade e eliminando as disputas entre estados. Ao unificar as alíquotas, o objetivo é criar um ambiente de negócios mais competitivo e eficiente.

IPI x CBS.

O IPI, historicamente utilizado como um instrumento de política industrial e econômica, possui alíquotas que variam de 10% a mais de 30%, dependendo do produto. O PL 68/2024 absorve o IPI no CBS, eliminando as especificidades regulatórias e uniformizando a tributação sobre os produtos industrializados. Essa mudança visa simplificar a incidência tributária, reduzindo a carga burocrática para as empresas, ao mesmo tempo que busca incentivar a competitividade da indústria nacional sem a necessidade de ajustes frequentes nas alíquotas.

ISS x IBS.

O ISS, tributo de competência municipal, também será integrado ao IBS. Hoje, o ISS possui alíquotas que

variam de 2% a 5%, dependendo do serviço e do município, o que gera dificuldades para empresas que atuam em várias cidades. O PL 68/2024 propõe um sistema de alíquota única para serviços, eliminando a multiplicidade de regras locais e uniformizando a cobrança em nível nacional. Essa medida visa facilitar a vida das empresas do setor de serviços e diminuir a fragmentação fiscal.

PIS e COFINS x CBS.

O PIS e a COFINS têm se destacado como fontes de complexidade para as empresas, especialmente após a adoção do regime não cumulativo, com alíquotas de 1,65% para o PIS e 7,6% para a COFINS. Essas contribuições geram uma série de apurações complexas, com direito a créditos sobre insumos e operações. Com a criação do CBS, o PL 68/2024 unifica PIS e COFINS, simplificando a tributação e eliminando a cumulatividade, o que proporciona uma arrecadação mais justa e menos burocrática.

CSLL e IRPJ.

A CSLL e o IRPJ, embora não sejam diretamente incorporados ao IBS, também passarão por ajustes significativos no contexto da reforma tributária. O PL 68/2024 mantém o IRPJ e a CSLL separados, mas simplifica a forma de apuração, eliminando complexidades e proporcionando uma alíquota única sobre o lucro das empresas. As alíquotas propostas para o

IRPJ devem ser revistas, especialmente o adicional de 10% sobre lucros acima de um limite, com o objetivo de desonerar a produção e promover maior competitividade para o setor empresarial brasileiro.

Evolução das Alíquotas no PL 68/2024.

Enquanto o sistema atual apresenta uma ampla variação de alíquotas entre os diferentes tributos, o PL 68/2024 propõe uma simplificação radical, com a criação de alíquotas únicas para o CBS e o IBS para cada ente federativo (União, estados e municípios). Além disso, o projeto prevê a eliminação gradual da cumulatividade de tributos, o que reduz o peso fiscal sobre as cadeias produtivas e incentiva o crescimento econômico. A ideia central é que o CBS tenha uma alíquota neutra, calculada de modo a não aumentar a carga tributária total, mas sim redistribuí-la de forma mais equitativa.

O texto aprovado pelo Plenário da Câmara dos Deputados não define o que se pode chamar de alíquota máxima da CBS e do IBS, ou seja, a alíquota a ser cobrada dos setores não beneficiados com isenções. Os dois impostos serão instituídos por lei complementar. A alíquota da CBS (federal) poderá ser fixada em lei ordinária. Mas, como o governo não pode ter perda de arrecadação, a alíquota máxima, estimada em 26,5% (8.8% para a CBS e 17,7% para o IBS), compensaria as exceções previstas na Proposta de Emenda Constitucional (PEC).

O que é o IVA.

O IVA (Imposto sobre Valor Agregado) é um tributo de base ampla, amplamente adotado em diversos países ao redor do mundo, que incide sobre o valor agregado em cada etapa da cadeia de produção e comercialização de bens e serviços. Em outras palavras, ele é aplicado sobre o valor que é adicionado ao produto ou serviço em cada fase de sua fabricação, distribuição e comercialização. Um dos principais objetivos do IVA é evitar a cumulatividade de impostos, ou seja, que um tributo seja cobrado várias vezes ao longo da cadeia produtiva, gerando um "efeito cascata". Esse imposto visa substituir múltiplos tributos indiretos, simplificando o sistema tributário e promovendo maior eficiência econômica.

Funcionalidade.

O IVA funciona de forma não cumulativa. Isso significa que, em cada etapa da produção ou prestação de serviço, o imposto é calculado com base no valor agregado e não no valor total do bem ou serviço. Cada empresa ao longo da cadeia de produção pode se creditar do imposto que pagou nas etapas anteriores, pagando o imposto apenas sobre o valor que ela mesma agregou ao produto ou serviço.

Por exemplo, um fabricante de automóveis paga IVA sobre as peças que compra, mas pode deduzir esse valor do IVA que cobra quando vende o carro finalizado.

O consumidor final é o único que arca com o valor total do IVA, já que ele não pode deduzir o imposto.

Alíquota máxima do IVA.

A alíquota do IVA varia entre os países e, no Brasil, com a possível adoção do IVA no contexto do PL 68/2024, as alíquotas devem ser ajustadas conforme o tipo de produto ou serviço. Em termos gerais, a alíquota máxima do IVA no Brasil, segundo as discussões mais recentes, será de 26,5%. Essa alíquota máxima é projetada para tributar bens e serviços de maior valor ou de menor essencialidade, como produtos de luxo, automóveis e eletrodomésticos.

Em contrapartida, bens essenciais como alimentos, medicamentos e serviços básicos poderão ser tributados a uma alíquota reduzida, ou até mesmo isentos do IVA, dependendo das decisões políticas e econômicas adotadas pelo governo e pelo Congresso Nacional.

Essa variação de alíquotas visa assegurar que o imposto seja progressivo, evitando onerar excessivamente as classes mais vulneráveis e garantindo que os produtos de primeira necessidade sejam acessíveis a todos.

Cronograma de implantação do IVA no Brasil.

O cronograma de implantação do IVA previsto pelo PL 68/2024 é gradual, reconhecendo a complexidade do sistema tributário atual e a necessidade de adaptação tanto dos contribuintes quanto das administrações tributárias. A transição para o novo sistema está prevista para ocorrer ao longo de um período de cinco a oito anos, com etapas progressivas de implementação.

Primeira Fase (Anos 1 a 2):

No primeiro estágio, ocorre a criação e a regulamentação do Imposto sobre Bens e Serviços (IBS), que substituirá tributos como o ICMS, ISS, PIS, COFINS e IPI. Durante essa fase, o IVA será aplicado em paralelo com os tributos antigos, permitindo uma transição mais suave para os contribuintes e autoridades fiscais.

Segunda Fase (Anos 3 a 5):

Com o sistema mais adaptado, os tributos antigos começarão a ser progressivamente eliminados. O ICMS e o ISS terão suas alíquotas reduzidas gradualmente, ao passo que o IBS/IVA ganhará maior protagonismo. Empresas e prestadores de serviço já terão adaptado seus sistemas de apuração ao novo formato.

Terceira Fase (Anos 6 a 8):

Nesta etapa final, o IBS estará plenamente operacional e substituindo os tributos indiretos anteriores. O ICMS, ISS, PIS, COFINS e IPI serão oficialmente extintos, e as operações passarão a seguir exclusivamente o modelo de apuração do IVA. O foco será na consolidação do novo sistema, com ajustes pontuais para corrigir possíveis falhas ou ineficiências identificadas ao longo do processo.

Durante o cronograma de implantação, o governo federal também poderá ajustar alíquotas e regras de transição, com o objetivo de evitar choques econômicos e manter a competitividade do setor produtivo. Além disso, haverá medidas de compensação para estados e municípios que possam perder arrecadação com a transição.

Benefícios Esperados do IVA.

A adoção do IVA no Brasil, conforme o modelo proposto no PL 68/2024, visa simplificar o sistema tributário, aumentar a transparência, e melhorar a competitividade das empresas brasileiras, que hoje enfrentam uma enorme carga burocrática para cumprir suas obrigações fiscais. Além disso, a não cumulatividade do IVA deverá reduzir os custos indiretos das empresas e ajudar a combater a sonegação fiscal, uma vez que o sistema de créditos incentiva o registro correto das transações em todas as etapas.

Outro benefício esperado é o aumento da competitividade internacional, já que o IVA é um modelo amplamente utilizado em diversos países, permitindo uma maior integração econômica e facilitando o comércio exterior.

O QUE É O CBS.

O CBS (Contribuição sobre Bens e Serviços) é um novo tributo que surge com o PL 68/2024, uma proposta de reforma tributária no Brasil. Seu principal objetivo é simplificar e unificar o sistema de impostos sobre o consumo, substituindo três tributos federais: o PIS (Programa de Integração Social), a COFINS (Contribuição para o Financiamento da Seguridade Social) e o IPI (Imposto sobre Produtos Industrializados). O CBS é uma contribuição sobre o valor agregado, com uma abordagem similar ao IVA (Imposto sobre o Valor Agregado) adotado em muitos países.

O CBS será aplicado em todas as etapas da cadeia produtiva, desde a produção até a comercialização de bens e serviços, permitindo a compensação de créditos fiscais ao longo dessa cadeia. Isso significa que as empresas poderão descontar o valor do CBS pago em suas compras de insumos do valor devido em suas vendas, evitando a cumulatividade e promovendo uma maior eficiência tributária.

Alíquota determinada pela União.

Segundo a equipe econômica do governo, a previsão de alíquota máxima para o IVA é de 26,5%. A alíquota padrão de referência do CBS será de 8,8%, estabelecida pela União. Essa alíquota será uniforme para todos os setores e atividades econômicas, com exceção de alguns casos específicos previstos em lei.

A definição de uma alíquota única visa simplificar o sistema tributário, reduzindo as distorções causadas pela diversidade de alíquotas e regimes existentes anteriormente. A escolha da alíquota de 8,8% reflete um equilíbrio entre a necessidade de arrecadação e o impacto sobre os preços e a competitividade dos bens e serviços.

Igrejas e Templos.

No que tange às igrejas e templos religiosos, o PL 68/2024 mantém a imunidade tributária prevista na Constituição Federal para atividades de caráter essencialmente religioso. Portanto, as atividades estritamente religiosas dessas instituições estarão isentas do CBS. No entanto, atividades comerciais realizadas por essas entidades, como a venda de produtos ou serviços, estarão sujeitas ao CBS. Isso significa que, embora as igrejas e templos não sejam tributados sobre suas receitas provenientes de atividades religiosas, precisarão pagar o CBS sobre as receitas obtidas com suas operações comerciais, seguindo a mesma lógica aplicável a outras entidades comerciais.

Indústria automotiva.

A indústria automotiva, um setor com grande relevância econômica e social, será significativamente impactada pela introdução do IVA. A alíquota de 8,8% do CBS será aplicada aos veículos e partes, substituindo o IPI, que é um imposto específico sobre produtos industrializados ou equiparados.

A implementação do CBS trará mudanças na estrutura tributária do setor, especialmente em relação à compensação de créditos fiscais.

A indústria automotiva poderá beneficiar-se da possibilidade de compensar créditos do IVA ao longo da cadeia produtiva, o que pode ajudar a mitigar o impacto da tributação no custo final dos veículos. No entanto, o impacto da nova alíquota sobre a competitividade do setor e o preço final dos produtos ainda será um ponto de atenção, especialmente considerando que o setor automotivo frequentemente se beneficia de incentivos fiscais estaduais e federais.

Em resumo, o CBS representará uma mudança significativa no sistema tributário brasileiro, buscando uma maior simplicidade e transparência. A alíquota única de 8,8% é uma das principais características do novo tributo, enquanto a sua aplicação a igrejas e templos apenas em atividades comerciais e seu impacto na indústria automotiva serão aspectos cruciais para a adaptação e implementação da reforma tributária proposta pelo PL 68/2024.

O QUE É O IBS.

O IBS (Imposto sobre Bens e Serviços) é um tributo proposto pelo PL 68/2024, que visa substituir o ICMS (Imposto sobre Circulação de Mercadorias e Serviços) e o ISS (Imposto Sobre Serviços de Qualquer Natureza). O objetivo do IBS é simplificar o sistema de tributação estadual e municipal, promovendo uma maior uniformidade e transparência na tributação sobre o consumo no Brasil.

' O IBS é um imposto sobre o valor agregado que se aplica a bens e serviços em toda a cadeia produtiva, semelhante ao modelo de IVA adotado em vários países. A introdução do IBS busca eliminar as disparidades existentes entre os regimes estaduais e municipais, promovendo uma abordagem mais coordenada e eficiente na arrecadação de impostos sobre o consumo.

Qual a alíquota?

A alíquota do IBS prevista será de 17,7%. Essa alíquota será aplicada de forma uniforme em todas as transações de bens e serviços, substituindo os atuais ICMS e ISS, que possuem alíquotas variáveis dependendo do estado ou município. A alíquota única de 17,7% visa simplificar a tributação, reduzindo a complexidade e a burocracia associadas às diferentes alíquotas e regimes existentes.

Além disso, a introdução do IBS terá um impacto direto nas receitas estaduais e municipais, que antes eram obtidas através do ICMS e ISS. Para compensar possíveis perdas na arrecadação, o PL 68/2024 prevê um mecanismo de redistribuição de recursos que garante uma compensação adequada para os estados e municípios, assegurando a continuidade do financiamento dos serviços públicos locais e regionais.

IBS Ecológico.

O conceito de "IBS ecológico" é uma inovação introduzida pelo PL 68/2024, com o objetivo de promover práticas ambientais sustentáveis. O IBS ecológico prevê a concessão de benefícios fiscais ou incentivos para empresas e consumidores que adotem práticas e produtos sustentáveis. Isso pode incluir redução de alíquotas para bens e serviços que atendam a critérios ambientais específicos, como baixa emissão de carbono, uso de materiais recicláveis ou eficiência energética.

Essa abordagem visa incentivar a adoção de tecnologias e práticas mais verdes, alinhando a política fiscal com os objetivos de desenvolvimento sustentável e combate às mudanças climáticas. A ideia é que, ao oferecer incentivos fiscais, o IBS ecológico não apenas contribua para a proteção ambiental, mas também estimule o crescimento de setores econômicos que investem em sustentabilidade.

A implementação do IBS ecológico será acompanhada de um conjunto de regras e regulamentações que definirão os critérios para a concessão dos benefícios fiscais e os mecanismos de fiscalização para garantir o cumprimento dos padrões ambientais.

Conclusão.

O IBS, conforme estabelecido pelo PL 68/2024, representa uma reestruturação significativa no sistema tributário brasileiro, com o objetivo de simplificar e uniformizar a tributação sobre bens e serviços. A alíquota de 17,7% prevista é uma referência inicial, mas a legislação prevê que a fixação das alíquotas finais será de competência dos estados e municípios.

De acordo com a Seção VI do PL 68/2024, a alíquota do IBS será determinada por cada um dos entes federativos. A União fixará a alíquota da CBS, enquanto os estados e municípios terão autonomia para definir suas alíquotas do IBS. O Distrito Federal, por sua vez, exercerá as competências de estados e municípios na fixação de suas alíquotas. Isso significa que, apesar da alíquota inicial prevista de 17,7% cada estado e município poderá ajustar sua alíquota do IBS, podendo tanto aumentar quanto diminuir em relação à alíquota de referência.

Cada ente federativo pode vincular sua alíquota a alíquota de referência da respectiva esfera federativa ou defini-la independentemente dessa referência. Na ausência de uma lei específica que estabeleça a alíquota, será aplicada a alíquota de referência definida. Além disso, qualquer alteração na alíquota do IBS deve respeitar a anterioridade nonagesimal, garantindo que mudanças não sejam aplicadas imediatamente.

Portanto, embora o PL 68/2024 estabeleça uma alíquota máxima de referência para o IVA, a flexibilidade dada aos estados e municípios na fixação das alíquotas pode resultar em variações significativas nas taxas efetivas aplicadas. Isso permitirá que cada ente federativo ajuste sua alíquota de acordo com suas necessidades fiscais e econômicas específicas, promovendo uma maior adaptação às realidades locais, mas também criando um cenário de complexidade adicional que necessitará de uma coordenação eficaz entre as diferentes esferas de governo.

O QUE É O IS.

O IS (Imposto Seletivo) é um novo tributo previsto pelo PL 68/2024 que se destina a substituir os atuais impostos sobre produtos específicos e seletivos, como o IPI (Imposto sobre Produtos Industrializados) e outros tributos que têm uma função regulatória além da arrecadatória. O IS será um imposto que incide sobre bens e produtos específicos, com o objetivo de regular e desestimular o consumo de produtos que são considerados nocivos à saúde ou ao meio ambiente, ou que têm um impacto significativo em questões econômicas e sociais.

Diferente do CBS e do IBS, que são tributos sobre o valor agregado e sobre bens e serviços, respectivamente, o IS é focado na tributação de produtos específicos, exercendo uma função seletiva e regulatória. Esse imposto visa desincentivar o consumo de produtos cuja produção e uso possam ter efeitos negativos e promover uma política pública mais eficaz em áreas de interesse como saúde pública e proteção ambiental.

Quais Produtos Serão Tributados pelo IS.

O PL 68/2024 especifica que o IS será aplicado a uma gama de produtos que podem incluir:

1. Bens de Luxo: Produtos considerados de alto valor ou de luxo, que podem incluir veículos de alta cilindrada, joias, e artigos de alto custo.

2. Produtos Nocivos à Saúde: Produtos que apresentam riscos significativos à saúde pública, como cigarros, bebidas alcoólicas, e alimentos com alto teor de açúcar, sal ou gorduras saturadas.

3. Produtos Ambientalmente Nocivos: Produtos cujo uso ou descarte pode causar danos ao meio ambiente, como certos tipos de plásticos não recicláveis, pesticidas e produtos químicos poluentes.

4. Produtos de Alta Intensidade Energética: Bens que consomem grandes quantidades de energia ou recursos naturais em sua produção e uso, como grandes eletrodomésticos e equipamentos industriais.

A lista específica de produtos que serão tributados pelo IS será definida em regulamentações adicionais e pode ser ajustada ao longo do tempo conforme as necessidades políticas e sociais.

Quais as Alíquotas do IS.

O PL 68/2024 estabelece que as alíquotas do IS serão diferenciadas, dependendo da natureza do produto tributado e do seu impacto regulatório. As alíquotas do IS não são fixas e podem variar conforme a categoria do produto e a finalidade regulatória. O PL prevê que as alíquotas serão determinadas de forma a refletir o objetivo seletivo do imposto:

1. Produtos Nocivos à Saúde: Para produtos como cigarros e bebidas alcoólicas, as alíquotas tendem a ser mais altas para desestimular o consumo e promover a saúde pública. A alíquota para esses produtos pode ser significativamente superior à de produtos menos prejudiciais.

2. Bens de Luxo: Produtos de luxo também estarão sujeitos a alíquotas elevadas, com o objetivo de refletir o caráter não essencial e a alta capacidade de consumo dos compradores desses bens.

3. Produtos Ambientalmente Nocivos: A alíquota para produtos que causam danos ao meio ambiente será ajustada para incentivar a redução do uso de tais produtos e promover alternativas mais sustentáveis.

4. Produtos de Alta Intensidade Energética: Para produtos que consomem muita energia, as alíquotas podem ser ajustadas para refletir o custo ambiental associado ao seu uso e incentivar a adoção de tecnologias mais eficientes.

Resumindo, o IS é um imposto seletivo projetado para regular e desestimular o consumo de produtos que têm impactos negativos na saúde, no meio ambiente, ou que são considerados de luxo. A definição das alíquotas será feita de maneira a alinhar os objetivos fiscais e regulatórios do imposto, refletindo o impacto social e econômico de cada categoria de produtos. As alíquotas variáveis e a lista de produtos tributados serão detalhadas em regulamentações adicionais, garantindo que o IS atenda efetivamente aos objetivos de política pública estabelecidos pelo PL 68/2024.

O QUE É O FUNDO DE COMPENSAÇÃO.

O Fundo de Compensação é um mecanismo previsto no PL 68/2024 criado para garantir a transição suave e equilibrada entre o antigo e o novo sistema tributário. Sua principal função é compensar possíveis perdas de arrecadação para estados e municípios que podem ocorrer durante a implementação das novas alíquotas do IBS e do IS, bem como ajudar na adaptação ao novo modelo tributário.

Objetivos do Fundo de Compensação.

1. Equilíbrio Fiscal.

O fundo visa garantir que os estados e municípios não sofram perdas significativas em suas receitas durante o período de transição. Como o PL 68/2024 altera as bases e alíquotas dos impostos, alguns entes federativos podem enfrentar uma redução temporária na arrecadação, especialmente se a nova estrutura tributária resultar em uma redistribuição desigual das receitas.

2. Transição Suave: O fundo proporciona um amortecedor financeiro que ajuda a suavizar o impacto econômico da reforma, permitindo que os entes federativos se ajustem ao novo sistema sem grandes perturbações financeiras. Isso é particularmente importante para estados e municípios que dependem fortemente das receitas do ICMS e do ISS.

3. Incentivo à Adaptação: Além de oferecer compensação financeira, o fundo também incentiva uma adaptação eficiente e rápida ao novo sistema tributário, garantindo que a mudança não cause instabilidade econômica.

Como Funciona o Fundo de Compensação.

1. Financiamento do Fundo: O fundo será financiado por uma combinação de recursos, que podem incluir contribuições da União, transferências de recursos provenientes da arrecadação do CBS e do IS, e outras fontes de receita previstas na lei.

2. Distribuição de Recursos: Os recursos do fundo serão distribuídos aos estados e municípios com base em critérios estabelecidos por lei, que podem levar em consideração a perda de arrecadação, o tamanho da população, e outras variáveis econômicas e fiscais.

3. Período de Compensação: A compensação financeira será ajustada ao longo de um período determinado, proporcionando suporte gradual conforme os entes federativos se adaptam às novas alíquotas e à nova estrutura tributária.

Prazo de Implementação.

O prazo de implementação do Fundo de Compensação está previsto para começar a partir da entrada em vigor do PL 68/2024. De acordo com o projeto, o fundo será operacional a partir da data em que as novas alíquotas de CBS e IBS forem aplicadas. A transição para o novo sistema deve ocorrer de forma gradual, com a compensação financeira sendo oferecida durante um período transitório definido pela lei.

Esse período transitório é estabelecido para garantir que os estados e municípios possam ajustar seus orçamentos e sistemas fiscais sem enfrentar dificuldades financeiras extremas. O prazo exato para a implementação do fundo e a duração do período de compensação serão detalhados em regulamentações específicas e no cronograma de transição estabelecido pelo PL 68/2024.

Em resumo, o Fundo de Compensação é um mecanismo crucial no PL 68/2024, projetado para mitigar o impacto financeiro da reforma tributária sobre estados e municípios e assegurar uma transição ordenada para o novo sistema. O prazo de implementação e os detalhes operacionais do fundo serão definidos em regulamentações adicionais, mas sua criação é um passo importante para garantir a estabilidade fiscal durante a implementação da reforma tributária.

O QUE É A TRIBUTAÇÃO SOBRE REGIMES ESPECÍFICOS.

A tributação sobre regimes específicos, conforme definida no PL 68/2024, refere-se a um conjunto de regras e exceções aplicadas a determinados setores ou tipos de contribuintes que, por suas características especiais, não se encaixam perfeitamente no regime geral de tributação previsto para o CBS (Contribuição sobre Bens e Serviços), IBS (Imposto sobre Bens e Serviços) e IS (Imposto Seletivo). Esses regimes têm o objetivo de atender às particularidades econômicas e sociais de determinados setores, garantindo que eles sejam tributados de maneira justa e adequada, levando em conta sua relevância ou especificidades.

Principais Características da Tributação sobre Regimes Específicos.

1. Setores Prioritários: Regimes específicos são aplicados a setores considerados prioritários ou estratégicos para o desenvolvimento econômico e social do país. Isso inclui setores que possuem características que justificam a necessidade de uma tributação diferenciada, como:

Agronegócio: Por sua importância para a economia e a exportação, pode haver regimes diferenciados que garantam competitividade.

Indústria de Tecnologia: Setores que promovem inovação e desenvolvimento podem ter incentivos fiscais específicos.

Educação e Saúde: Instituições de ensino e saúde privadas, que desempenham papel social relevante, podem ser contempladas com regimes tributários especiais.

2. Micro e Pequenas Empresas: O PL 68/2024 reconhece a importância de micro e pequenas empresas no cenário econômico e social brasileiro. Para essas empresas, que operam com margens de lucro reduzidas e enfrentam grandes desafios para sobreviver, há previsão de regimes simplificados de tributação, reduzindo a carga tributária e a burocracia associada ao cumprimento das obrigações fiscais.

3. Zona Franca de Manaus e Áreas de Livre Comércio: A Zona Franca de Manaus, por exemplo, é uma região onde há benefícios fiscais que promovem o desenvolvimento da Amazônia. O PL 68/2024 preserva esses regimes especiais, permitindo que essas regiões mantenham suas características de incentivo fiscal para atrair investimentos e gerar empregos.

4. Regime Diferenciado para Exportações: A tributação sobre regimes específicos também se aplica ao setor exportador, que tradicionalmente é beneficiado por desonerações tributárias para garantir competitividade internacional. O PL 68/2024 prevê a manutenção de regimes específicos para exportações, com a não

Incidência do CBS e do IBS sobre produtos destinados ao exterior.

5. Igrejas e Templos Religiosos: As instituições religiosas historicamente recebem tratamento tributário diferenciado no Brasil, em respeito ao princípio da liberdade religiosa. O PL 68/2024 mantém essa isenção tributária, garantindo que igrejas e templos continuem isentos de tributos como o CBS e o IBS, preservando o papel dessas instituições na sociedade.

Detalhes dos Regimes Específicos no PL 68/2024.

O PL 68/2024 detalha os regimes específicos no Título IV, que regula o tratamento diferenciado para setores que requerem um regime tributário especial. Entre os principais detalhes sobre esses regimes, destacam-se:

1. Alíquotas Reduzidas: Certos setores ou atividades podem ser beneficiados com alíquotas reduzidas, ou seja, tributos cobrados a taxas inferiores às do regime geral. Isso se aplica a setores que o governo considera estratégicos ou de alta importância social e econômica, como o setor de educação, saúde, ou mesmo o agronegócio.

2. Isenções: Alguns setores podem ser isentos de certos tributos, como no caso das exportações ou das instituições religiosas. Essas isenções garantem que os produtos exportados ou as atividades religiosas não

sofram impacto direto de tributações que poderiam prejudicar sua função econômica ou social.

3. Regime Diferenciado para Indústrias de Tecnologia e Inovação: O PL inclui previsões para incentivar a inovação, com regimes tributários especiais para startups e empresas de tecnologia, com o objetivo de fomentar o desenvolvimento tecnológico e tornar o Brasil mais competitivo globalmente.

4. Simplicidade no Cumprimento das Obrigações Tributárias: Micro e pequenas empresas se beneficiarão de regimes simplificados, com procedimentos mais simples para apuração e pagamento de tributos. Isso é essencial para reduzir a burocracia que essas empresas enfrentam e facilitar sua operação no mercado.

5. Período de Transição para Setores Específicos: Alguns setores terão prazos maiores para se adaptar às novas regras do CBS e IBS, conforme previsto na legislação. Isso permite uma transição mais suave, minimizando o impacto financeiro imediato sobre esses setores.

Conclusão.

A tributação sobre regimes específicos no PL 68/2024 tem como objetivo ajustar o sistema tributário às particularidades de setores estratégicos e socialmente relevantes. Com alíquotas reduzidas, isenções e procedimentos simplificados, o PL busca promover um equilíbrio entre a arrecadação fiscal e o fomento ao desenvolvimento econômico. A manutenção de regimes específicos é essencial para garantir que setores vitais, como educação, saúde, inovação e exportação, continuem desempenhando seus papéis sem sobrecargas tributárias que comprometam sua operação e competitividade.

O QUE É O FUNDO DE DESENVOLVIMENTO REGIONAL.

O Fundo de Desenvolvimento Regional (FDR) é uma das principais inovações do PL 68/2024, criado com o objetivo de promover o crescimento econômico e a redução das desigualdades entre as diferentes regiões do Brasil. Esse fundo visa apoiar o desenvolvimento regional equilibrado, especialmente em áreas historicamente menos desenvolvidas, como o Norte e o Nordeste, garantindo que essas regiões tenham condições financeiras e estruturais para crescer economicamente e competir com outras mais desenvolvidas, como o Sudeste e o Sul.

O FDR representa um importante instrumento de política fiscal e econômica, que vai além da simples arrecadação de tributos. Seu propósito é garantir que os recursos gerados pelo novo sistema tributário sejam distribuídos de forma justa e eficiente, promovendo o desenvolvimento de regiões com menor capacidade de geração de riqueza e que necessitam de investimentos estratégicos para se tornarem competitivas.

Principais Características do Fundo de Desenvolvimento Regional.

1. Redução de Desigualdades Regionais: A criação do FDR é um reconhecimento da necessidade de enfrentar as disparidades econômicas e sociais entre as diferentes regiões do Brasil. Historicamente, o desenvolvimento

econômico do país foi concentrado em regiões mais ricas, como o Sudeste, enquanto regiões como o Norte e o Nordeste enfrentaram dificuldades para acompanhar o crescimento, devido à falta de infraestrutura, investimentos e recursos. O FDR busca corrigir essas desigualdades, garantindo uma distribuição mais equitativa dos recursos.

2. Fomento à Infraestrutura: Um dos focos principais do FDR é o financiamento de projetos de infraestrutura nas regiões menos desenvolvidas. Isso inclui investimentos em áreas como:

Transporte: Construção e melhoria de rodovias, ferrovias, portos e aeroportos para melhorar o escoamento da produção e a mobilidade regional.

Saneamento: Expansão e melhoria de sistemas de água e esgoto, essenciais para garantir a saúde pública e a qualidade de vida.

Energia: Investimentos em geração e distribuição de energia, especialmente em fontes renováveis, para garantir o abastecimento adequado e sustentável em áreas mais remotas.

3. Incentivos ao Setor Privado: O FDR também tem a função de incentivar o investimento privado nas regiões menos desenvolvidas. Isso pode incluir a concessão de créditos subsidiados ou outras formas de incentivos fiscais para empresas que decidam instalar fábricas ou

unidades de produção nessas áreas, estimulando a criação de empregos e o crescimento econômico local.

4. Integração com as Políticas Regionais: O fundo será integrado às políticas regionais de desenvolvimento, coordenado com iniciativas de governos estaduais e municipais. O objetivo é que os recursos do FDR sejam aplicados de forma eficiente e sinérgica com os projetos já em andamento, maximizando o impacto dos investimentos.

Financiamento do Fundo de Desenvolvimento Regional.

O financiamento do FDR virá de diversas fontes previstas pelo PL 68/2024. A principal fonte de recursos será uma fração da arrecadação do IBS (Imposto sobre Bens e Serviços), garantindo que parte do montante arrecadado por esse tributo seja destinada exclusivamente para o desenvolvimento regional. O IBS será progressivamente implementado, e com o tempo, o fundo receberá uma parte crescente dos recursos gerados por esse imposto.

Além disso, o FDR poderá contar com contribuições da União e de fundos específicos, além de parcerias com instituições financeiras internacionais que atuam no financiamento de projetos de desenvolvimento. Essas múltiplas fontes de financiamento são essenciais para garantir que o fundo tenha a capacidade de realizar grandes investimentos em infraestrutura e outros projetos estratégicos.

Gestão e Aplicação dos Recursos.

O PL 68/2024 prevê a criação de uma estrutura de governança para o FDR, que será responsável por gerir e monitorar a aplicação dos recursos. Essa estrutura será composta por representantes do governo federal, estados e municípios, além de especialistas em desenvolvimento regional e infraestrutura.

Os recursos do FDR serão aplicados de acordo com critérios técnicos, que priorizam projetos de maior impacto no desenvolvimento regional. Isso inclui a análise de custo-benefício, o impacto socioeconômico e a viabilidade dos projetos, garantindo que os recursos sejam alocados de forma eficiente e estratégica.

Prazos e Condições de Implementação.

A implementação do Fundo de Desenvolvimento Regional será gradual e acompanhará o cronograma de transição do novo sistema tributário previsto no PL 68/2024. À medida que o IBS for implementado e os recursos começarem a ser arrecadados, o FDR também será progressivamente capitalizado e operacionalizado.

Espera-se que o fundo comece a ser alimentado de forma efetiva nos primeiros anos após a entrada em vigor do IBS, quando uma parte das receitas arrecadadas será redirecionada para o FDR. Esse cronograma será detalhado nas regulamentações complementares, que definirão as porcentagens de recursos que o fundo receberá em cada etapa da implementação do novo sistema tributário.

Conclusão.

O Fundo de Desenvolvimento Regional é um mecanismo central no PL 68/2024 para garantir o desenvolvimento equitativo do Brasil. Ele reconhece a importância de corrigir as disparidades regionais históricas, promovendo o crescimento econômico sustentável e a melhoria da infraestrutura em regiões menos desenvolvidas. Com uma gestão eficiente, o FDR será uma peça chave na estratégia de longo prazo para fortalecer a economia de áreas que, até então, foram negligenciadas em termos de investimentos e desenvolvimento econômico. O fundo será essencial para garantir que o novo sistema tributário não apenas gere mais receita, mas também promova uma sociedade mais justa e equilibrada.

O que é o Comitê Gestor.

A Proposta de Lei Complementar (PL) 108/2024, também chamada de Lei de Gestão e Administração do IBS (Imposto sobre Bens e Serviços), aprovada pela Câmara dos Deputados em 23 de Agosto de 2024. Ela traz novas regras e diretrizes importantes para a reforma tributária no Brasil. O texto é dividido em várias partes, ou "livros", que tratam de temas como a gestão do IBS, o processo de fiscalização, a distribuição dos recursos arrecadados e até assuntos relacionados a outros impostos, como o ITCMD (Imposto sobre Transmissão Causa Mortis e Doação).

Administração e Gestão do IBS.

O Comitê Gestor do IBS (CG-IBS) será o órgão responsável por cuidar da coordenação e da gestão do IBS. Esse comitê vai contar com representantes dos estados, municípios e do Distrito Federal. Juntos, eles vão garantir que o novo sistema tributário funcione bem e seja eficaz.

Funções do Comitê Gestor do IBS.

O Comitê Gestor terá um papel fundamental para fazer a reforma tributária funcionar na prática. Ele vai:

Criar regras e regulamentos sobre o IBS.

Organizar como o imposto será cobrado e fiscalizado.

Distribuir o dinheiro arrecadado entre os estados e municípios de forma justa.

Esse comitê também vai coordenar as ações de fiscalização e cobrança do IBS, unindo as administrações dos estados e municípios. Além disso, será responsável por gerenciar os sistemas de tecnologia da informação, garantindo que tudo funcione de maneira eficiente e segura.

Diretrizes Operacionais.

O comitê será dividido em várias diretorias, cada uma com uma função específica. Por exemplo:

Diretoria de Fiscalização: Vai cuidar da fiscalização do IBS.

Diretoria de Arrecadação e Cobrança: Será responsável por gerenciar a cobrança do imposto.

Outro ponto importante é a governança da tecnologia. A Diretoria de Tecnologia da Informação será responsável por desenvolver sistemas que facilitem o trabalho de arrecadação e fiscalização, aumentando a transparência e a eficiência do processo.

Distribuição dos Recursos Arrecadados.

A PL 108/2024 também define como o dinheiro arrecadado com o IBS será distribuído. O objetivo é garantir que os recursos sejam distribuídos de forma justa entre os estados e municípios. O comitê vai definir os critérios de distribuição, levando em conta fatores como:

População.

Nível de desenvolvimento econômico.

Necessidades sociais de cada região.

Essa distribuição busca promover um equilíbrio fiscal entre as diferentes regiões do Brasil, para que todos tenham acesso aos recursos necessários para crescer e se desenvolver.

ITCMD e Outras Disposições.

O segundo livro da PL 108/2024 trata do ITCMD (Imposto sobre Transmissão Causa Mortis e Doação), que é de responsabilidade dos estados e do Distrito Federal. A proposta estabelece como esse imposto será administrado e cobrado, além de definir regras para isenções e reduções. Por exemplo, haverá isenção do ITCMD em casos de doações destinadas a projetos filantrópicos ou culturais, como forma de incentivar essas ações.

Normas Processuais.

A PL 108/2024 propõe a modernização do processo administrativo tributário, tornando-o mais rápido e menos burocrático. Um dos principais avanços é o uso de sistemas eletrônicos para o envio de documentos e a resolução de disputas. Isso vai facilitar a comunicação entre os diferentes entes federativos e reduzir o tempo gasto em processos burocráticos.

Além disso, será criado um sistema específico para resolver disputas sobre o IBS de forma mais eficiente, assegurando que as decisões sejam justas e uniformes.

Diretrizes para a Cobrança e Fiscalização.

A lei também estabelece regras claras para a cobrança e fiscalização do IBS. O Comitê Gestor vai trabalhar em conjunto com as administrações tributárias dos estados e municípios para garantir que o imposto seja cobrado corretamente e que a fiscalização seja feita de forma eficiente.

Distribuição da Receita do IBS.

A receita arrecadada com o IBS será distribuída de acordo com critérios como a população e o nível de desenvolvimento econômico de cada estado ou município. Além disso, será feito um ajuste nas receitas iniciais para garantir que o dinheiro seja redistribuído de forma justa ao longo dos anos.

Durante o período de transição, que vai de 2029 a 2077, haverá uma retenção de parte da receita, que será redistribuída entre os estados e municípios para ajustar a nova forma de distribuição.

Transparência e Controle.

A PL 108/2024 também traz regras sobre a transparência e o controle da arrecadação. O Comitê Gestor será responsável por publicar relatórios periódicos, mostrando como os recursos estão sendo arrecadados e distribuídos. Isso é essencial para garantir que o processo seja justo e transparente.

Próximos Passos.

Após a apresentação da PL 108/2024, os próximos passos são:

1. Discussão nas comissões do Congresso.
2. Audiências públicas.
3. Aprovação nas comissões.
4. Votação na Câmara dos Deputados.
5. Tramitação no Senado.
6. Sanção presidencial.
7. Regulamentação e implementação das mudanças.
8. Preparação para a transição ao novo sistema.

9. Monitoramento e avaliação do impacto da reforma.

Esse é um resumo do que está sendo proposto com a PL 108/2024, que busca tornar o sistema tributário brasileiro mais eficiente, justo e transparente, beneficiando tanto o governo quanto os contribuintes.

O que é Split Payment?

O "Split Payment" é um novo sistema de pagamento de impostos proposto pela Reforma Tributária, especialmente pelo PL 68/2024. Em tradução livre, significa "pagamento dividido", e a ideia principal é que, quando uma venda é feita, o imposto referente àquela transação seja automaticamente separado e direcionado aos cofres públicos, em vez de ser pago pelo vendedor no final do mês ou em outra data específica.

Como funciona o pagamento de impostos atualmente?

Hoje, um empresário faz o pagamento dos tributos acumulados ao longo do mês por meio de um documento de arrecadação, como a DAS (Documento de Arrecadação do Simples Nacional). Esse pagamento acontece, por exemplo, no dia 20 do mês seguinte ao das vendas. Entre a venda e o pagamento do imposto, o empresário pode utilizar o valor arrecadado para manter o fluxo de caixa, pagar fornecedores, salários, etc.

O que muda com o Split Payment?

Com o Split Payment, o valor dos impostos (como CBS e IBS) será retido automaticamente no momento da transação. Isso significa que, em vez de receber o valor bruto da venda, o empresário recebe apenas o valor líquido, já descontado o imposto.

Exemplo prático de uma venda com Split Payment:

Imagine uma empresa que vende um produto por R$ 1.000, e a alíquota de impostos (CBS + IBS) sobre essa venda é de 20% (R$ 200). No sistema atual, o empresário receberia os R$ 1.000 e pagaria os R$ 200 ao governo no final do mês.

Com o Split Payment, no momento em que o cliente paga a compra, o valor dos impostos (R$ 200) é automaticamente retido pela plataforma (como uma máquina de cartão de crédito ou um marketplace), que envia esse valor diretamente ao fisco. O empresário recebe, portanto, R$ 800, e não mais R$ 1.000, e o tributo já é recolhido.

Como será o pagamento ao fornecedor e ao fisco no Split Payment?

No cenário do Split Payment, o comprador continua a fazer o pagamento ao fornecedor pelo valor total do produto ou serviço, mas esse valor é automaticamente dividido:

Parte para o fornecedor: O valor líquido, descontado os impostos.

Parte para o fisco: A parcela correspondente aos impostos é enviada diretamente aos cofres públicos.

Se, por exemplo, uma compra de R$ 1.000 for feita em um marketplace, o fornecedor verá creditados apenas os R$ 800 líquidos, enquanto os R$ 200 de imposto serão direcionados ao governo sem passar pelas mãos do vendedor.

Pagamento à vista no Split Payment.

Se o pagamento for feito à vista, a operação segue a mesma lógica: o cliente paga o valor total do produto ou serviço (R$ 1.000 no exemplo anterior), e o sistema retira imediatamente a parcela de impostos (R$ 200) para o governo, repassando o valor líquido (R$ 800) ao vendedor.

Pagamento parcelado no Split Payment.

Se o pagamento for parcelado, o Split Payment também retém os impostos à medida que o comprador vai pagando as parcelas. O importante aqui é que os impostos são recolhidos proporcionalmente a cada pagamento efetuado.

Exemplo de pagamento parcelado:

O comprador parcela uma compra de R$ 1.000 em 5 vezes.

A cada pagamento de R$ 200, o sistema retira os 20% de impostos (R$ 40) e os direciona ao fisco.

O vendedor recebe o valor líquido de cada parcela (R$ 160), e o imposto (R$ 40) vai diretamente ao governo.

Assim, o fisco recolhe os impostos à medida que o comprador vai quitando as parcelas.

Impactos do Split Payment no fluxo de caixa.

Esse novo modelo pode impactar diretamente o fluxo de caixa dos empresários, principalmente pequenos negócios, que muitas vezes utilizam o valor dos impostos que seriam pagos no fim do mês para arcar com outras despesas. No Split Payment, o empresário não terá mais acesso a esse montante, já que o tributo será retido imediatamente.

Conclusão.

O Split Payment traz maior controle e eficiência no recolhimento de impostos, evitando a sonegação. Contudo, ele também exige que empresários ajustem sua gestão financeira, já que não terão mais a flexibilidade de utilizar o valor dos impostos temporariamente. Além disso, o sistema deverá ser implementado gradualmente, o que permitirá uma transição menos abrupta para os negócios, em especial os de pequeno porte.

IMPACTO DA CARGA TRIBUTÁRIA.

Levando-se em conta a ampla gama de produtos serviços abrangidos pelo PL 68/2024, as simulações a seguir utilizarão bases de cálculo hipotéticas do IBS e do CBS, tentando ser o mais abrangente possível, independente do ramo de atividade da empresa e considerando-se que um fornecedor pode, por exemplo, operar com uma base de cálculo dos impostos de, digamos, 60%, mas o vendedor pode estar sujeito ao uma base de cálculo de 100%.

Para as participantes do SIMPLES NACIONAL o PL 68/2024 não faz grandes alterações sobre alíquotas, restringindo-se aos percentuais de impostos a serem creditados aos entes federados. Mas, independente das alíquotas praticadas pelo SIMPLES NACIONAL, quando uma empresa do SIMPLES compra de uma empresa tributada integralmente, não pode se apropriar dos créditos de impostos.

Em outras palavras, os valores dos créditos serão integrados aos preços dos produtos.

As empresas do SIMPLES, quando efetuam uma venda a uma indústria ou comércio, por causa de sua tributação especial de alíquotas reduzidas, não dão direito a crédito de impostos no âmbito do IVA.

Simulações:

1. Tributado integralmente.

1.1 IVA. Base de Cálculo 100%.
Crédito na entrada 100%.

Neste exemplo considera-se que ambos os contribuintes, comprador e vendedor, são tributados de forma equiparada.

1.1.1 Venda de Indústria para Indústria. IVA.

Na entrada:		**Na saída: Margem 100%**
Valor (+ imposto):	126,50	226,50
Base de Calc. IBS:	100,00	100,00
Base de Calc. CBS:	100,00	100,00
Alíquota IBS: 17,7%	17,70	35,40
Alíquota CBS: 8,8%	8,80	17,60
Crédito na entrada/Imposto:	26,50	53,00
Carga Tributária		**11,69%**

1.1.2 Venda de Indústria para Indústria. Sistema atual.

Na entrada:		**Na saída: Margem 100%**
Valor dos Produtos + IPI	105,00	210,00
ICMS: BCI 105% Aliq 18%	18,90	37,80
IPI: BCI 100% Aliq 5%	5,00	10,00
PIS + COFINS: 3,6% *	3,65	7,56
Crédito na entrada/Imposto:	23,90	55,36
Carga Tributária		**14,98%**

BCI=Base de Cálculo do Imposto. * Sem direito a crédito.

O valor do IPI, parte da base de cálculo do ICMS, é adicionado ao total da fatura mas será repassado para a operação seguinte, quando a indústria venda ao comércio. A base de cálculo para a carga tributária é, então, de 200,00 e não 210,00.

1.2.1 Venda de Indústria para Comércio. IVA.

Na entrada:		Na saída: Margem 100%
Valor (+ imposto):	126,50	226,50
Base de Calc. IBS:	100,00	100,00
Base de Calc. CBS:	100,00	100,00
Alíquota IBS: 17,70%	17,70	35,40
Alíquota CBS: 8,8%	8,80	17,60
Crédito na entrada/Imposto:	26,50	53,00
Carga Tributária		**11,69%**

O comércio arca com o valor do IPI mas não declara na nota fiscal. Em vez disso, absorve o impostos e, na operação seguinte, repassa a outro comércio ou ao consumidor final.

1.2.2 Venda de Indústria para Comércio. Sistema atual.

Na entrada:		Na saída: Margem 100%
Valor dos Produtos + IPI	105,00	210,00
ICMS: BCI 105% Aliq 18%	18,90	37,80
IPI: BCI 100% Aliq 5% *	5,00	0
PIS + COFINS: 3,6% *	3,65	7,56
Crédito na entrada/Imposto:	18,90	46,20
Carga Tributária		**12,6%**

BCI=Base de Cálculo do Imposto. * Sem direito a crédito.

1.3.1 Venda de Comércio para Comércio. IVA.

Na entrada:		**Na saída: Margem 100%**
Valor (+ imposto):	126,50	226,50
Base de Calc. IBS:	100,00	100,00
Base de Calc. CBS:	100,00	100,00
Alíquota IBS: 17,70%	17,70	35,40
Alíquota CBS: 8,80%	8,80	17,60
Crédito na entrada/Imposto:	26,50	53,00
Carga Tributária		**11,69%**

Na venda de comércio para comércio, operações comuns entre atacado e varejo, a operação não é tributada pelo IPI, cujo valor, em teoria, está embutido nos preços de ambos.

1.3.2 Venda de Indústria para Comércio. Sistema atual.

Na entrada:		**Na saída: Margem 100%**
Valor dos Produtos	105,00	210,00
ICMS: BCI 100% Aliq 18%	18,00	37,80
IPI: BCI 100% Aliq 5% *	5,00	0
PIS + COFINS: 3,6% *	3,65	7,56
Crédito na entrada/Imposto:	18,00	45,36
Carga Tributária		**13,02%**

BCI=Base de Cálculo do Imposto. * Sem direito a crédito.

A venda a consumidor final não dá direito a créditos de impostos.

1.4.1 Venda Comércio a Consumidor. IVA.

Na entrada:		**Na saída: Margem 100%**
Valor (+ imposto):	0	126,50
Base de Calc. IBS:	0	100
Base de Calc. CBS:	0	100
Alíquota IBS: 17,70%	0	17,70
Alíquota CBS: 8,8%	0	8,80
Crédito na entrada/Imposto:	0	26,50
Carga Tributária		**26,50%**

1.4.2 Venda Comércio a Consumidor. Sistema atual.

Na entrada:		**Na saída: Margem 100%**
Valor dos Produtos	100,00	100,00
ICMS: BCI 100% Aliq 18%	18,00	18,00
IPI: BCI 100% Aliq 5%	0	0
PIS + COFINS: 3,6%	0	0
Crédito na entrada/Imposto:	0	0
Carga Tributária		**18%**

2. SIMPLES NACIONAL.

2.1 IVA. Base de Cálculo 100%.
Crédito na entrada 100%.
Alíquota do SIMPLES (4ª Faixa): 11,20%.

O propósito da simulação para o SIMPLES NACIONAL é fornecer uma visão do impacto do PL 68/2024 sobre as operações das microempresas e empresas de pequeno porte.

No primeiro exemplo hipotético (2.1.1), um fabricante de vassouras tributado integralmente, faz uma venda para uma empresa que vende produtos de limpeza e que é tributada pelo SIMPLES NACIONAL. A seguir (2.1.2), o mesmo fabricante faz uma venda idêntica para uma grande rede de supermercados, ambos tributados pelo IVA.

No segundo exemplo (2.1.2), uma empresa tributada pelo SIMPLES NACIONAL fabricante de vassouras faz uma venda a outra empresa do SIMPLES e, depois, faz uma venda a uma grande rede de supermercados tributada pelo IVA. Ambas as empresas fabricantes compram dos mesmos fornecedores.

2.1.1 Tributado Integralmente vende para o SIMPLES.

Na entrada:		**Na saída: Margem 100%**
Valor (+ imposto):	126,50	252,00
Base de Calc. IBS e CBS:	100,00	0
Alíquota IBS: 17,70%	17,70	0
Alíquota CBS: 8,8%	8,80	0
Alíquota do SIMPLES	11,20	28,22
Crédito na entrada/Imposto:	0	0
Carga Tributária		**11,20%**

2.1.2 Tributado Integralmente vende para supermercado.

Na entrada:		**Na saída: Margem 100%**
Valor (+ imposto):	126,50	252,00
Base de Calc. IBS e CBS:	100,00	100
Alíquota IBS: 17,70%	17,70	35,40
Alíquota CBS: 8,8%	8,80	17,60
Crédito na entrada/Imposto:	26,50	26,50
Carga Tributária		**10,51%**

A desvantagem da microempresa seria ainda maior se a empresa fosse tributada pela 5ª Faixa do SIMPLES NACIONAL, que é de 14,70%, resultando em uma carga tributária de 14.70%.

Na última faixa do SIMPLES, que contempla um faturamento mensal de R$ 300.000,00 a R$ 400.000,00 por mês, a alíquota é módicos 29,90%, gerando uma carga tributária de 29,90%.

Repassando-se esse percentual (29,90%) ao preço final do produto, teríamos, como mostrado no exemplo 2.1.1, um preço final de R$ 327,00.

Neste exemplo (2.1.3.1) consideramos que ambas as empresas do SIMPLES estão na mesma faixa de tributação, onde a alíquota é de 14,70%.

2.1.3.1 SIMPLES venda para SIMPLES.

Na entrada:		**Na saída: Margem 100%**
Valor (+ imposto):	114,70	229,40
Alíquota do SIMPLES	14,70	29,40
Crédito na entrada/Imposto:	0	0
Carga Tributária		**14,70%**

O preço final de R$ 229,40 seria competitivo o bastante para enfrentar a concorrência de empresas tributadas pelo IVA.

Mas não se a empresa compradora for tributada por faixa inferior à da empresa vendedora. A vendedora é tributada em 29,90% e a compradora em 14,70%, neste exemplo.

2.1.3.2 SIMPLES venda para SIMPLES.

Na entrada:		**Na saída: Margem 100%**
Valor (+ imposto):	129,90	259,80
Alíquota do SIMPLES	29,90	14,70
Crédito na entrada/Imposto:	0	38,19
Carga Tributária		**15,08%**

Porém, este é um exemplo conservador. Se ao preço final de venda fosse adicionado o valor do imposto, teríamos R$ 297,99, R$ 43,80 em impostos e uma carga tributária de 14,70%. Mas o preço ficaria 14% maior do que aquele do exemplo 2.1.2.

No exemplo 2.1.4, uma empresa do SIMPLES tributada pela 5ª faixa (14,70%) efetua uma venda para um supermercado tributado pelo IVA.

O valor do preço de revenda seria de R$ 229,40 (custo multiplicado por 2) mais R$ 33,51 do IVA. Mas como o valor do imposto é somado ao preço de venda, o preço final embute o imposto sobre ele mesmo.

2.1.4 SIMPLES venda para supermercado.

Na entrada:		**Na saída: Margem 100%**
Valor (+ imposto):	114,70	277,45
Base de Calc. IBS e CBS:	100,00	100,00
Alíquota IBS: 17,70%	0	49,10
Alíquota CBS: 8,8%	0	24,41
Crédito na entrada/Imposto:	0	73,51
Carga Tributária		**26,50%**

Conclusão.

Comparando com o item 2.1.2 onde uma empresa tributada integralmente pelo IVA, vende para supermercado, onde a carga tributária é de 10,51% e no item 1.3.1, venda de comércio para comércio IVA, que apresenta uma carga tributária de 11,69%, a operação do SIMPLES se torna inviável ao apresentar uma carga tributária de 26,50% para a revenda, um supermercado tributado pelo IVA, neste exemplo.

Mas, sendo otimistas, vamos imaginar que o comprador deste exemplo admita usar uma margem de lucro menor e, assim, viabilizar a operação com o fornecedor do SIMPLES.

Preço de custo da Mercadoria:	R$ 114,70.
Margem de Lucro (60%):	R$ 183,36.
IVA (não embutido):	R$ 48,59.
Carga Tributária:	26,50%.

Excetuando-se o fato de que o preço se tornaria mais competitivo, a carga tributária seria a mesma do item 2.1.4.

E se compararmos com o item 1.2.1, onde a operação é tributada pelo IVA nas duas pontas, teríamos uma carga tributária de 11,69%, portanto muito menor, com uma margem de lucro de 100%.

SUBSTITUIÇÃO TRIBUTÁRIA.

Porque a Reforma Tributária traz importantes mudanças para o cenário fiscal brasileiro, mas preserva certos mecanismos que continuam sendo relevantes para o equilíbrio da arrecadação, como a substituição tributária, mencionada no Art. 380 do PL 68/2024. Esse artigo garante a continuidade da apropriação de créditos do PIS e da COFINS na CBS (Contribuição sobre Bens e Serviços), mesmo após a extinção desses tributos.

A substituição tributária é um mecanismo eficiente para simplificar o recolhimento de impostos e, apesar das inovações trazidas pela reforma, sua manutenção se justifica em setores com grande pulverização de contribuintes e produtos de difícil controle fiscal. Com a CBS, a apropriação de créditos presumidos passa a incorporar os dispositivos de lei anteriores, assegurando que empresas que já se valiam desse mecanismo não sejam prejudicadas.

Além disso, o Art. 380 reforça a segurança jurídica para as empresas, garantindo que os créditos oriundos de depreciação, amortização ou quotas mensais sejam preservados. Isso demonstra um esforço de continuidade e adaptação da nova legislação, evitando a ruptura brusca de direitos adquiridos e permitindo a transição suave para o novo sistema tributário.

Ao mencionar esse artigo neste livro, destacamos a relevância da substituição tributária e sua importância para o planejamento tributário das empresas, desenvolvedores de software e gestores públicos, oferecendo um panorama claro das mudanças que ocorrerão e dos mecanismos que serão mantidos.

A Substituição Tributária (ST) é um mecanismo utilizado pelo governo para facilitar a arrecadação do ICMS. Ela consiste na antecipação do recolhimento do imposto em um ponto anterior da cadeia de circulação da mercadoria ou serviço. Dessa forma, o imposto é recolhido em uma fase inicial (normalmente no fabricante ou importador), mesmo que a mercadoria vá passar por várias etapas até o consumidor final.

Esse mecanismo é bastante utilizado em setores onde há grande pulverização de revendedores, como bebidas alcoólicas, combustíveis e cigarros, por exemplo.

Tipos de Substituição Tributária:

1. Substituição Tributária para Frente (STF): o imposto é recolhido na fase inicial e vale para todas as etapas subsequentes da cadeia produtiva até a venda ao consumidor final.

2. Substituição Tributária para Trás (STT): o imposto é recolhido em uma fase posterior à ocorrência do fato gerador, geralmente aplicada em regime de diferimento.

3. Substituição Tributária Concomitante (STC): ocorre quando o imposto é recolhido simultaneamente à ocorrência do fato gerador da operação.

Cálculo da Substituição Tributária para Frente (STF).

O cálculo do ICMS-ST segue a seguinte fórmula:

ICMS-ST = (Preço de Venda Final Presumido x Alíquota do ICMS) ICMS Próprio

Onde:

Preço de Venda Final Presumido: é o preço estimado de venda ao consumidor final, incluindo a Margem de Valor Agregado (MVA).

Alíquota do ICMS: é o percentual do imposto que será aplicado na operação.

ICMS Próprio: é o ICMS que o contribuinte já recolheu sobre sua própria venda.

Passo a passo do cálculo:

1. Preço de Venda Final Presumido:

$$PVendaFinal = PVendaFabricante \times (1 + MVA)$$

O preço de venda final é obtido aplicando a MVA ao preço de venda do fabricante. A MVA é uma margem presumida que indica o quanto o valor da mercadoria deve ser acrescido até chegar ao consumidor final.

2. Cálculo do ICMS sobre o Preço Final Presumido:

$$ICMS_{Final}=PVendaFinal\times Alíquota\ do\ ICMS$$

O ICMS final é calculado sobre o preço de venda presumido.

3. Subtração do ICMS Próprio:

$$ICMSST=ICMS_{Final}-ICMS_{Próprio}$$

Finalmente, o valor do ICMS-ST é obtido subtraindo o ICMS que já foi recolhido pelo fabricante sobre sua operação.

Exemplo de Cálculo:

Suponha que um fabricante de bebidas venda um lote de refrigerantes a um distribuidor por R$ 1.000,00, e a MVA para esse produto seja de 30%. A alíquota do ICMS é de 18%.

1. Preço Final Presumido:

$$PVendaFinal=1.000,00\times(1+0,30)=1.300,00$$

O preço final presumido para o consumidor é R$ 1.300,00.

2. ICMS sobre o Preço Final Presumido:

$$ICMS_{Final}=1.300,00\times18\%=234,00$$

O ICMS sobre o preço final presumido é R$ 234,00.

3. ICMS Próprio:

O ICMS que o fabricante já recolheu sobre sua própria venda é:

$$ICMS_{Próprio}=1.000,00\times18\%=180,00$$

O ICMS próprio é R$ 180,00.

4. Valor do ICMS-ST:

$$ICMS_{ST}=234,00-180,00=54,00$$

O valor do ICMS-ST a ser recolhido pelo fabricante é R$ 54,00.

Exemplos de Arquivo XML da NF-e.

1. Operação Interna (no mesmo estado).

Tag XML	Comentário Explicativo
<imposto>	Início do bloco de informações sobre impostos.
<ICMS>	Início da seção de ICMS.
<ICMSST>	Indica que o ICMS é tributado por substituição tributária.
<orig>	Código de origem da mercadoria (1 para Nacional, 2 para Estrangeira).
<CST>	Código de Situação Tributária (70 para substituição tributária interna).
<vBC>	Base de cálculo do ICMS.
<pICMS>	Alíquota do ICMS aplicável.
<vICMS>	Valor do ICMS calculado.
<vBCST>	Base de cálculo do ICMS substituição tributária.
<pICMSST>	Alíquota do ICMS substituição tributária.
<vICMSST>	Valor do ICMS substituição tributária.
</ICMSST>	Fim da seção de ICMS substituição tributária.
</ICMS>	Fim da seção de ICMS.
</imposto>	Fim do bloco de informações sobre impostos.

Exemplo XML:

```xml
<imposto>
  <ICMS>
    <ICMSST>
      <orig>1</orig>
      <CST>70</CST>
      <vBC>1000.00</vBC>
      <pICMS>18.00</pICMS>
      <vICMS>180.00</vICMS>
      <vBCST>1000.00</vBCST>
      <pICMSST>18.00</pICMSST>
      <vICMSST>180.00</vICMSST>
    </ICMSST>
  </ICMS>
</imposto>
```

2. Operação Interestadual (para outro estado).

<imposto>	Início do bloco de informações sobre impostos.
<ICMS>	Início da seção de ICMS.
<ICMSST>	Indica que o ICMS é tributado por substituição tributária.
<orig>	Código de origem da mercadoria (1 para Nacional, 2 para Estrangeira).
<CST>	Código de Situação Tributária (70 para substituição tributária interestadual).
<vBC>	Base de cálculo do ICMS.
<pICMS>	Alíquota do ICMS aplicável.
<vICMS>	Valor do ICMS calculado.

Tag XML	Comentário Explicativo
<vBCST>	Base de cálculo do ICMS substituição tributária.
Tag XML	**Comentário Explicativo**
<pICMSST>	Alíquota do ICMS substituição tributária.
<vICMSST>	Valor do ICMS substituição tributária.
<vBCUFDest>	Base de cálculo do ICMS substituição tributária para o estado de destino.
<pICMSUFDest>	Alíquota do ICMS substituição tributária para o estado de destino.
<vICMSUFDest>	Valor do ICMS substituição tributária para o estado de destino.
</ICMSST>	Fim da seção de ICMS substituição tributária.
</ICMS>	Fim da seção de ICMS.
</imposto>	Fim do bloco de informações sobre impostos.

Exemplo XML (operação interestadual):

```xml
<imposto>
  <ICMS>
   <ICMSST>
    <orig>1</orig>
    <CST>70</CST>
    <vBC>1000.00</vBC>
    <pICMS>18.00</pICMS>
    <vICMS>180.00</vICMS>
    <vBCST>1000.00</vBCST>
```

```xml
    <pICMSST>18.00</pICMSST>
     <vICMSST>180.00</vICMSST>
     <vBCUFDest>1000.00</vBCUFDest>
     <pICMSUFDest>2.00</pICMSUFDest>
     <vICMSUFDest>20.00</vICMSUFDest>
    </ICMSST>
   </ICMS>
 </imposto>
```

IMPACTO SOBRE A NF-e.

O impacto da Reforma Tributária sobre a emissão de Notas Fiscais Eletrônica – NF-e será tal que, para facilitar o entendimento, o assunto será dividido em três blocos; NF-e atual, NF-e durante o período de transição, que é o mais complexo, e NF-e do IVA, hipoteticamente chamada de versão 5.0.

1. NF-e atual.

O fragmento a seguir, de uma NF-e da versão 4.0 devidamente autorizada, contém a "tag" <impostos> completa de uma operação de venda de uma indústria do estado de São Paulo para uma empresa do comércio do estado do Rio Grande do Sul.

```
<imposto>
  <ICMS>
    <ICMS00>
      <orig>0</orig>
      <CST>00</CST>
      <modBC>3</modBC>
      <vBC>6493.50</vBC>
      <pICMS>12.00</pICMS>
      <vICMS>779.22</vICMS>
    </ICMS00>
  </ICMS>
  <IPI>
    <cEnq>999</cEnq>
    <IPITrib>
```

```
      <CST>50</CST>
      <vBC>6493.50</vBC>
      <pIPI>3.25</pIPI>
      <vIPI>211.04</vIPI>
    </IPITrib>
  </IPI>
  <PIS>
    <PISAliq>

  <CST>01</CST>
      <vBC>5714.28</vBC>
      <pPIS>1.65</pPIS>
      <vPIS>94.29</vPIS>
    </PISAliq>
  </PIS>
  <COFINS>
    <COFINSAliq>
      <CST>01</CST>
      <vBC>5714.28</vBC>
      <pCOFINS>7.60</pCOFINS>
      <vCOFINS>434.29</vCOFINS>
    </COFINSAliq>
  </COFINS>
</imposto>
```

Há uma sutileza proposital nas "tags" pPIS e pCOFINS, grifadas em negrito.

A empresa emitente é tributada pelo Lucro Real. Em termos de PIS e COFINS, significa que ela recolhe os impostos por uma alíquota maior (1,65% para o PIS e 7,60% para a CONFINS) do que uma empresa tributada pelo Lucro Presumido (0,65% para o PIS e 3,00% para a CONFINS), mas com recuperação do crédito, como qualquer impostos sobre valor adicionado.

Esta estratégia fiscal é apropriada para empresas com trabalham com margens de lucro pequenas.

2. Período de Transição.

Nesse período de transição presumido de 5 anos, ICMS (inclusive substituição tributária), PIS, COFINS e IPI conviverão lado a lado com o IBS e o CBS do IVA.

Os percentuais relativos ao IVA serão introduzidos aos poucos, ano a ano iniciando em 20%, depois 40% e assim sucessivamente até que os impostos antigos se extingam e apenas o IVA seja utilizado.

Neste exemplo hipotético de emissão de uma NF-e fundamentada no PL 68/2024, no período de transição iniciando em 2027, considerando–se a redução das bases de cálculo dos tributos atuais (ICMS, IPI, PIS, COFINS).

Em 2027, parte das bases de cálculo (20% no exemplo) migrarão para o novo sistema de **IBS/CBS**. Assim, as bases dos tributos antigos serão reduzidas enquanto uma porcentagem equivalente é aplicada aos novos impostos.

- ***IBS e CBS****: Os novos tributos recebem a parte subtraída das bases dos tributos antigos. No exemplo, 20% da base de cálculo de 2027 (ou seja, **1298.70**) é tributada pelo IBS e CBS, com as respectivas alíquotas de 17.70% e 8.80%.*

Tags XML	Comentários

```
<imposto>
<ICMS>
<ICMS00>
<orig>0</orig>
<CST>00</CST>
<modBC>3</modBC>
<vBC>5194.80</vBC>
```
Redução da base de cálculo em 20% (IBS/CBS incluídos em 2027)

```
<pICMS>12.00</pICMS>
<vICMS>623.38</vICMS>
```
Valor do ICMS com base reduzida
```
</ICMS00>
</ICMS>
<IPI>
<cEnq>999</cEnq>
<IPITrib>
<CST>50</CST>
<vBC>5194.80</vBC>
```
Redução da base de cálculo em 20%
```
<pIPI>3.25</pIPI>
<vIPI>168.83</vIPI>
```
Valor do IPI com base reduzida
```
</IPITrib>
</IPI>
<PIS>
<PISAliq>
<CST>01</CST>
<vBC>4571.42</vBC>
```
Redução de 20% da base de cálculo do PIS
```
<pPIS>1.65</pPIS>
```

Tags XML	Comentários
<vPIS>75.43</vPIS>	Valor do PIS com base reduzida
</PISAliq>	
</PIS>	
<COFINS>	
<COFINSAliq>	
<CST>01</CST>	
<vBC>4571.42</vBC>	Redução de 20% da base de cálculo do COFINS
<pCOFINS>7.60</pCOFINS>	
<vCOFINS>347.43</vCOFINS>	Valor do COFINS com base reduzida
</COFINSAliq>	
</COFINS>	
<IVA>	
<IBS>	
<vBCIBS>1298.70</vBCIBS>	Base de cálculo equivalente a 20% da base original
<pIBS>10.00</pIBS>	
<vIBS>129.87</vIBS>	Valor do IBS calculado
</IBS>	
<CBS>	
<vBCCBS>1298.70</vBCCBS>	Base de cálculo equivalente a 20% da base original
<pCBS>4.00</pCBS>	
<vCBS>51.95</vCBS>	Valor do CBS calculado
</CBS>	
<IVAcredit>CNPJ ou CPF</IVAcredit>	Identificação do Creditado do IVA (1)
<modIVA>1</modIVA>	IVA embutido no total da NFe=1 por dentro, =0 por fora (2)
<pIVA>14.00</pIVA>	Alíquota total do IVA (10% IBS + 4% CBS) → (3)
<vBCIVA>1298.70</vBCIVA>	Base de cálculo para o IVA (20% da base original) → (4)
<vIVA>181.82</vIVA>	Valor total do IVA (soma de IBS e CBS) → (5)
</IVA>	
<RespTrib>ID</RespTrib>	ID do Responsável Tributário
</imposto>	

As "tags" hipotéticas a seguir indicarão a forma de cálculo e o destinatário do crédito do IVA quando compras forem efetuadas.

1. <IVAcredit>: existem empresas com filiais em todo o país. Muitas delas com compras centralizadas. Dependendo do regime tributário a que estiver submetida, a empresa poderá escolher para quais ou qual das suas filiais deseja que os créditos do IVA sejam direcionados. Basta informar o CNPJ ou CPF da empresa creditada.

2. <modIVA>: esta é uma "tag" para indicar a forma de como o IVA será calculado. 1=Por dentro. Significa que o valor do imposto está embutido no valor total da NF-e. E 0=Por fora. Significa que o valor do imposto será somado ao total das mercadorias ou serviços.

3. <pIVA>: A alíquota total do IVA; a soma das alíquotas do CBS e do IBS.

4. <vBCIVA>: Valor da base de cálculo do IVA. Neste exemplo de operação em transição, 20%.

5. <vIVA>: Valor do IVA.

A representação gráfica (figura 1) deste exemplo de NF-e hipotética vem a seguir:

imposto
ICMS
ICMS00
orig 0
CST 00
modBC 3
vBC 5194.80
pICMS 12.00
vICMS 623.38
IPI
cEnq 999
IPITrib
CST 50
vBC 5194.80
pIPI 3.25
vIPI 168.83
PIS
PISAliq
CST 01
vBC 4571.42
pPIS 1.65
vPIS 75.43
COFINS
COFINSAliq
CST 01
vBC 4571.42
pCOFINS 7.60
vCOFINS 347.43
IVA
IBS
vBCIBS 1298.70
pIBS 10.00
vIBS 129.87
CBS
vBCCBS 1298.70
pCBS 4.00
vCBS 51.95
IVAcredit 00000000000000
modIVA 1
vBCIVA 1298.70
pIVA 14.00
vIVA 181.82

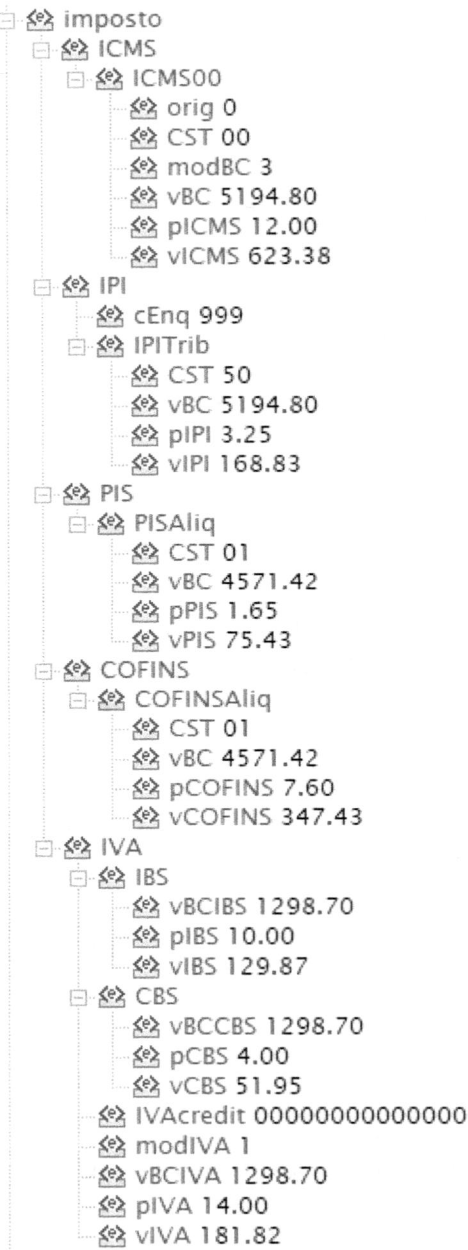

Figura 1.

3. NF-e IVA.

Um exemplo hipotético de emissão de uma NF-e fundamentada no PL 68/2024, totalmente implementada:

Tags XML	Comentários
<imposto>	
<IVA>	
<IVAcredit>CNPJ/CPF </IVAcredit>	Identificação do Creditado do IVA
<modIVA>1</modIVA>	IVA embutido no total da NFe=1 por dentro=, 0 por fora (2)
<vBCIVA>1000.00</vBCIVA>	Base de cálculo total para o IVA
<pIVA>26.50</pIVA>	Alíquota total do IVA, composta por IBS, CBS.
<vIVA>265.00</vIVA>	Valor total do IVA calculado
<IBS>	
<vBCIBS>1000.00</vBCIBS>	Base de cálculo do IBS (100%)
<pIBS>17.70</pIBS>	Alíquota do IBS
<vIBS>177.00</vIBS>	Valor do IBS calculado
</IBS>	
<CBS>	
<vBCCBS>1000.00</vBCCBS>	Base de cálculo do CBS (100%)
<pCBS>8.80</pCBS>	Alíquota do CBS
<vCBS>88.00</vCBS>	Valor do CBS calculado
</CBS>	
</IVA>	
<IS>	Imposto Seletivo
<vBCIS>0.00</vBCIS>	Base de cálculo do IS (imposto eletivo)
<pIS>0.00</pIS>	Alíquota do IS (0%)
<vIS>0.00</vIS>	Valor do IS calculado
</IS>	
<RespTrib>ID</RespTrib>	ID do Responsável Tributário
<TotImp>265.00</TotImp>	Total do imposto do item
</imposto>	

- ***IVA****: Substitui o ICMS, o IPI, o PIS e a COFINS e inclui os valores correspondentes ao IBS, CBS.*
- ***IBS****: Base de cálculo total, com uma alíquota de 17,70%.*
- ***CBS****: Base de cálculo total, com uma alíquota de 8,80%.*
- ***IS****: Um imposto seletivo, com uma alíquota de 0% neste caso, que poderá variar em operações específicas.*

Representação gráfica do arquivo XML da NF-e (figura 2).

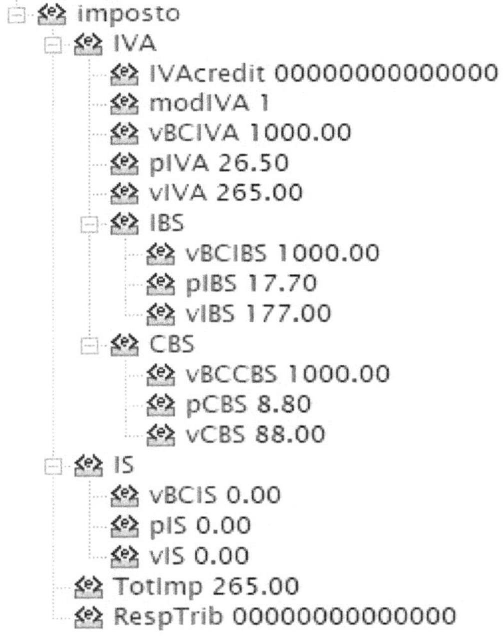

Figura 2.

PRESTADORES DE SERVIÇOS.

Com o propósito de oferecer uma visão sobre a nova tributação sobre serviços, analisaremos os aspectos relevantes do Capítulo II do PL 68/2024.

Como veremos a seguir no Capítulo II, as alíquotas do IBS e do CBS serão reduzidas em 30% para pessoas físicas e jurídicas. Isso significa que a carga tributária sobre os serviços mencionados a abaixo será de 18,55%, menor se comparadas à tributação do SIMPLES NACIONAL e dependendo da faixa de tributação.

CAPÍTULO II
DA REDUÇÃO EM TRINTA POR CENTO DAS ALÍQUOTAS DO IBS E DA CBS.

Art. 122. Ficam reduzidas em 30% (trinta por cento) as alíquotas do IBS e da CBS incidentes sobre a prestação de serviços das seguintes profissões intelectuais de natureza científica, literária ou artística, submetidas à fiscalização por conselho profissional:

I - administradores;
II - advogados;
III - arquitetos e urbanistas;
IV - assistentes sociais;
V - bibliotecários;
VI - biólogos;
VII - contabilistas;
VIII - economistas;
IX - economistas domésticos;

X - profissionais de educação física;

XI - engenheiros e agrônomos;

XII - estatísticos;

XIII - médicos veterinários e zootecnistas;

XIV - museólogos;

XV - químicos;

XVI - profissionais de relações-públicas;

XVII - técnicos industriais; e

XVIII - técnicos agrícolas.

§ 1º A redução de alíquotas prevista no caput deste artigo aplica-se:

I - à prestação de serviços efetuada por pessoa física, desde que os serviços prestados estejam vinculados à habilitação dos profissionais; e

II - à prestação de serviços efetuada por pessoa jurídica que cumpra, cumulativamente, os seguintes requisitos:

a) possuam os sócios habilitações profissionais diretamente relacionadas com os objetivos da sociedade e estejam submetidos à fiscalização de conselho profissional;

b) não tenha como sócio, pessoa jurídica;

c) não seja sócia de outra pessoa jurídica;

d) não exerça atividade diversa das habilitações profissionais dos sócios; e

e) sejam os serviços relacionados à atividade-fim prestados diretamente pelos sócios, admitido o concurso de auxiliares ou colaboradores.

§ 2º Para fins do disposto no inciso II do § 1º deste artigo, não impedem a redução de alíquotas de que trata este artigo:

I - a natureza jurídica da sociedade;
II - a união de diferentes profissões previstas nos incisos I a XVIII do caput deste artigo, desde que a atuação de cada sócio seja na sua habilitação profissional; e
III - a forma de distribuição de lucros.

ANEXO II.

O Anexo II trata da redução das alíquotas do IBS e CBS em 60% para serviços relacionados à educação e saúde, como exibido na tabela a seguir:

ITEM	DESCRIÇÃO DO SERVIÇO	NBS(*)
1	Ensino Infantil, inclusive creche e pré-escola	1.2201.1
2	Ensino Fundamental	1.2201.20.00
3	Ensino Médio	1.2201.30.00
4	Ensino Técnico de Nível Médio	1.2202.00.00
5	Ensino para jovens e adultos destinado àqueles que não tiveram acesso ou continuidade de estudos no ensino fundamental e médio na idade própria	1.2203
6	Ensino Superior, compreendidos os cursos e programas de graduação, pós-graduação, de extensão e cursos sequenciais	1.2204
7	Ensino de sistemas linguísticos de natureza viso motora e de escrita tátil	1.2205.13.00
8	Ensino de línguas nativas de povos originários	1.2205.13.00
9	Educação especial destinada a pessoas com deficiência, transtornos globais do desenvolvimento e altas habilidades ou superdotação, de modo isolado ou agregado a qualquer das etapas de educação tratadas neste Anexo	

* Nomenclatura Brasileira de Serviços

ANEXO III.

O Anexo III trata da redução das alíquotas do IBS e CBS em 60% para serviços relacionados à saúde, como exibido na tabela a seguir:

Número	Descrição do Serviço	NBS (*)
1	Serviços cirúrgicos	1.2301.11.00
2	Serviços ginecológicos e obstétricos	1.2301.12.00
3	Serviços psiquiátricos	1.2301.13.00
4	Serviços prestados em Unidades de Terapia Intensiva	1.2301.14.00
5	Serviços de atendimento de urgência	1.2301.15.00
6	Serviços hospitalares não classificados em subposições anteriores	1.2301.19.00
7	Serviços de clínica médica	1.2301.21.00
8	Serviços médicos especializados	1.2301.22.00
9	Serviços odontológicos	1.2301.23.00
10	Serviços de enfermagem	1.2301.91.00
11	Serviços de fisioterapia	1.2301.92.00
12	Serviços laboratoriais	1.2301.93.00
13	Serviços de diagnóstico por imagem	1.2301.94.00
14	Serviços de bancos de material biológico humano	1.2301.95.00
15	Serviços de ambulância	1.2301.96.00
16	Serviços de assistência ao parto e pós-parto	1.2301.97.00
17	Serviços de psicologia	1.2301.98.00
18	Serviços de vigilância sanitária	1.2301.99.00
19	Serviços de epidemiologia	1.2301.99.00

6	Serviços hospitalares não classificados em subposições anteriores	1.2301.19.00
20	Serviços de vacinação	1.2301.99.00
21	Serviços de fonoaudiologia	1.2301.99.00
22	Serviços de nutrição	1.2301.99.00
23	Serviços de optometria	1.2301.99.00
24	Serviços de instrumentação cirúrgica	1.2301.99.00
25	Serviços de biomedicina	1.2301.99.00
26	Serviços farmacêuticos	1.2301.99.00
27	Serviços de cuidado e assistência a idosos e pessoas com deficiência em unidades de acolhimento	1.2302

* Nomenclatura Brasileira de Serviços

IMPACTO DO PL 68/2024.

Dado que o PL 68/2024 contém mais de 400 páginas, exibiremos um resumo didático obtido no site gov.br e, no final desta seção, um índice dos capítulos da lei.

Aqui estão os links para os documentos da PL 68/2024:

REDAÇÃO FINAL DA CÂMARA DOS DEPUTADOS
link:
https://legis.senado.leg.br/sdleg-getter/documento?
dm=9725946&ts=1725410367618&disposition=inline

TRAMITAÇÃO NO SENADO FEDERAL
link:
https://www25.senado.leg.br/web/atividade/materias/-/materia/164914#tramitacao_10875162

IBS E CBS SOBRE OPERAÇÕES.

1) Fato Gerador.

O IBS e a CBS incidem sobre todas as operações onerosas que tenham por objeto bens e serviços. As operações sobre as quais incidem o IBS e a CBS compreendem o fornecimento de bens e serviços e podem decorrer de qualquer ato ou negócio jurídico. Para fins de segurança jurídica quanto à abrangência da incidência do IBS e da CBS, o PL 68/2024 incluiu o seguinte rol exemplificativo dos atos e negócios jurídicos que têm por objeto o fornecimento de bens ou de serviços e que, portanto, ficarão sujeitos ao IBS e à CBS:

- alienação, inclusive compra e venda, troca ou permuta e dação em pagamento;
- locação;
- licenciamento, concessão, cessão;
- empréstimo;
- doação onerosa;
- instituição onerosa de direitos reais;
- arrendamento, inclusive mercantil; e
- prestação de serviços.

Conforme previsto pela EC (Emenda Constitucional) 32/2023, o PL 68/2024 define operação com serviço como qualquer operação que não seja classificada como operação com bem. Assim, todo fornecimento que não tenha por objeto um bem material ou imaterial, inclusive direito, será considerado como uma operação com serviço.

O IBS e a CBS também incidem sobre determinadas operações não onerosas, ou realizadas a valor inferior ao de mercado, como o fornecimento de bens e serviços para uso e consumo pessoal do próprio contribuinte, se pessoa física, ou de empregados e administradores do contribuinte, quando este não for pessoa física. São considerados bens e serviços fornecidos para uso e consumo pessoal, a disponibilização de bens imóveis, de veículos e de equipamentos de comunicação, serviços de comunicação, planos de assistência à saúde, educação, alimentação e bebidas e seguros. Não são considerados bens e serviços de uso e consumo pessoal aqueles utilizados exclusivamente na atividade econômica do contribuinte e os critérios para esta determinação serão estabelecidos em regulamento.

Além das imunidades constitucionais, não há incidência sobre os serviços prestados por pessoas físicas na qualidade de empregados, administradores ou membros de conselhos e comitês de assessoramento previstos em lei. A transferência de bens entre estabelecimentos do contribuinte também não sofre a incidência dos tributos. O IBS e a CBS não incidem sobre a transmissão de participação societária, assim como sobre a transmissão de bens em decorrência de fusão, cisão e incorporação e de integralização e devolução de capital. Os rendimentos financeiros, as operações com títulos ou valores mobiliários e o recebimento de dividendos e demais resultados de participações societárias não sofrem incidência do IBS e da CBS, com exceção do disposto no regime específico de serviços financeiros. Entretanto, o IBS e a CBS poderão incidir sobre arranjos envolvendo uma combinação de atos e negócios jurídicos caso constituam, na essência, uma operação onerosa com bem ou com serviço (regra anti-abuso).

2) Momento de Ocorrência do Fato Gerador.

O momento em que o imposto incide sobre uma operação, ou seja, o fato gerador do IBS e da CBS, é determinado, em regra, pelo que ocorrer primeiro: o fornecimento ou o pagamento.

Para operações com serviços como água, saneamento, gás, comunicação e energia elétrica, e para aquelas que são contínuas ou fracionadas, o fato gerador ocorre no momento em que o pagamento se torna devido, especialmente quando não é possível identificar claramente o momento exato da entrega ou conclusão do serviço.

Considera-se que o fornecimento de um serviço de transporte iniciado no país ocorre no momento em que o transporte se inicia, enquanto para outros serviços, o fornecimento é considerado concluído no momento de sua finalização.

3) Local da Operação.

A definição do local onde ocorre o fato gerador é fundamental para determinar a alíquota aplicável e como os recursos arrecadados serão distribuídos. O local varia de acordo com o tipo de bem ou serviço envolvido na operação, conforme a tabela abaixo:

Tipo/Objeto do Fornecimento	Local da Operação
Bem móvel material	Local da entrega ou disponibilização do bem ao destinatário
Bem imóvel, bem móvel imaterial (inclusive direitos), relacionado a bem imóvel e serviço prestado sobre bem imóvel	Local onde o imóvel estiver situado

Tipo/Objeto do Fornecimento	Local da Operação
Serviço prestado fisicamente sobre a pessoa física ou fruído presencialmente por pessoa física	Local da prestação do serviço
Serviço de planejamento, organização e administração de feiras, exposições, congressos, espetáculos, exibições e congêneres	Local do evento a que se refere o serviço
Serviço prestado sobre bem móvel material	Local da prestação do serviço
Serviço de transporte de passageiros	Local de início do transporte
Serviço de transporte de carga	Local da entrega ou disponibilização do bem ao destinário
Serviço de exploração de rodovia mediante cobrança de preço ou pedágio	O território de cada Município e Estado, ou do Distrito Federal, proporcionalmente à correspondente extensão de rodovia explorada
Serviço de comunicação em que há transmissão por meio físico	Local da recepção dos serviços
Demais serviços e demais bens móveis imateriais, inclusive direitos	Local do domicílio principal do destinatário

Domicílio Principal do Destinatário.

O PL 68/2024 define o domicílio principal do destinatário como o local registrado nos cadastros oficiais. Para pessoas físicas, considera-se o local de habitação permanente ou, na ausência desta, o local onde suas relações econômicas são mais relevantes. Para pessoas jurídicas, o domicílio principal é o local de cada estabelecimento que recebe bens imateriais ou serviços.

Em casos de aquisições centralizadas por contribuintes com múltiplos estabelecimentos, o domicílio principal será o do estabelecimento principal, ou seja, aquele onde as relações econômicas são mais relevantes.

Para destinatários não cadastrados, a lei prevê critérios específicos para determinar o domicílio principal.

4) Base de cálculo.

A base de cálculo do IBS e da CBS é o valor da operação, que compreende o valor integral cobrado pelo fornecedor a qualquer título, incluindo: acréscimos decorrentes de ajuste do valor da operação, juros, multas, acréscimos e encargos, descontos concedidos sob condição, o valor do transporte cobrado como parte do valor da operação, tributos e preços públicos, inclusive tarifas, exceto aqueles expressamente excluídos, e todas as demais importâncias cobradas ou recebidas como parte do valor da operação, inclusive seguros e taxas.

O PL 68/2024 determina a exclusão da base de cálculo do montante do próprio IBS e da CBS, do IPI, dos descontos incondicionais, e de reembolsos ou ressarcimentos recebidos por valores pagos relativos a operações por conta e ordem ou em nome de terceiros, desde que a documentação fiscal relativa a essas operações seja emitida em nome do terceiro. Durante o período de transição, de 1º de janeiro de 2026 a 31 de dezembro de 2032, também são excluídos da base de cálculo do IBS e da CBS o montante do ISS, ICMS, PIS e COFINS.

Em alguns casos, a base de cálculo corresponderá ao valor de mercado dos bens ou serviços, entendido como o valor praticado em operações comparáveis entre partes não relacionadas. O valor de mercado será aplicado quando a operação não tiver valor, o valor for indeterminado ou não representado em dinheiro, ou quando se tratar de operação entre partes relacionadas.

5) Alíquotas.

As alíquotas da CBS e do IBS serão fixadas por lei específica dos respectivos entes e cada ente individualmente fixará a sua própria alíquota, que deverá ser a mesma para todas as operações com bens e serviços ocorridas naquela localidade, salvo se submetidos a regimes diferenciados ou específicos. Ao fixar sua alíquota própria, cada ente da federação poderá:

-vinculá-la à alíquota de referência da respectiva esfera da federação, por meio de acréscimo ou decréscimo à alíquota de referência em pontos percentuais, ou

-defini-la sem vinculação à alíquota de referência da respectiva esfera da federação.

Caso o ente não estabeleça a sua alíquota por meio de lei específica, será aplicada a alíquota de referência da respectiva esfera da federação. A alíquota do IBS aplicada em cada operação corresponderá à soma das alíquotas do Estado e do Município, ou do Distrito Federal, de destino da operação, determinado conforme as regras de local da operação.

6) Sujeitos Passivos Contribuintes.

O contribuinte do IBS e da CBS é o fornecedor que realiza operações: ñ no desenvolvimento de atividade econômica; ñ de modo habitual ou em volume que caracterize atividade econômica; ou ñ de forma profissional, ainda que a profissão não seja regulamentada. É também contribuinte aquele que, mesmo não cumprindo esses requisitos, esteja previsto expressamente em outras hipóteses do PL 68/2024. O PL 68/2024 também determina que é contribuinte do IBS e da CBS e obrigado a se inscrever no regime regular o fornecedor residente ou domiciliado no exterior com relação às operações ocorridas no País.

O contribuinte é obrigado a se inscrever nos cadastros relativos ao IBS e à CBS. Além disso, o contribuinte fica sujeito ao regime regular do IBS e da CBS, salvo se realizar a opção pelo Regime Especial Unificado de Arrecadação de Tributos e Contribuições devidos pelas Microempresas e Empresas de Pequeno Porte – Simples Nacional ou pelo regime de Microempreendedor Individual – MEI, de que trata a Lei Complementar nº 123, de 14 de dezembro de 2006. O regime regular do IBS e da CBS compreende não somente as operações submetidas às regras gerais de incidência do IBS e da CBS, mas também aquelas aplicáveis aos regimes diferenciados e específicos. Os contribuintes optantes pelo Simples Nacional ou pelo MEI ficam sujeitos às regras desses regimes.

O PL 68/2024 determina que os condomínios edilícios, consórcios e sociedades em conta de participação não são contribuintes do IBS e da CBS. Essas entidades sem personalidade jurídica poderão, opcionalmente, se inscrever como contribuintes.

Responsáveis.

As plataformas digitais, ainda que domiciliadas no exterior, são responsáveis pelo recolhimento do IBS e da CBS relativos às operações realizadas por seu intermédio. A responsabilidade será em substituição ao fornecedor, caso este seja residente ou domiciliado no exterior. Neste caso, o fornecedor estrangeiro fica dispensado da inscrição nos cadastros do IBS e da CBS caso realize operações exclusivamente por meio de plataforma digital. Já nos casos em que o fornecedor é contribuinte residente ou domiciliado no País, a plataforma será responsável solidária com o fornecedor, caso este não seja inscrito para o IBS e a CBS ou não registre a operação em documento fiscal eletrônico.

O PL 68/2024 define plataforma digital como aquela que atua como intermediária entre fornecedores e adquirentes nas operações, realizadas de forma não presencial ou por meio eletrônico, e controla um ou mais dos seguintes elementos essenciais à operação, tais como cobrança, pagamento, definição dos termos e condições ou entrega. Não é considerada plataforma digital aquela que executa somente fornecimento de acesso à internet, processamento de pagamentos, publicidade ou busca ou comparação de fornecedores, desde que não cobre pelo serviço com base nas vendas realizadas. O PL 68/2024 traz ainda um rol de outras hipóteses de responsabilidade tributária, além daquelas previstas no Código Tributário Nacional e na legislação civil, incluindo o Código Civil, as quais abrangerão o pagamento do IBS e da CBS acrescidos de correção e atualização monetária, multa de mora, multas punitivas e demais encargos.

7) Pagamento do IBS e da CBS.

O PL 68/2024 prevê as seguintes modalidades de pagamento do IBS e da CBS incidentes sobre as operações com bens ou serviços: ẛ́ compensação com créditos de IBS e de CBS apropriados pelo sujeito passivo; ẛ́ pagamento pelo sujeito passivo, inclusive mediante recolhimento;

- recolhimento na liquidação financeira da operação (split payment);
- recolhimento pelo próprio adquirente; e
- recolhimento pelo responsável tributário.

8) Não cumulatividade.

O contribuinte inscrito no regime regular poderá apropriar crédito quando ocorrer o pagamento, por qualquer das modalidades acima descritas, dos valores do IBS e da CBS incidentes sobre as operações nas quais seja adquirente de bem ou de serviço. O creditamento pelo contribuinte somente é vedado na aquisição de bens e serviços considerados de uso ou consumo pessoal e em outras hipóteses expressamente previstas no PLP 68/2024, tais como nos casos de isenção e imunidade e de regimes específicos.

Para fins de vedação ao crédito, são bens e serviços de uso e consumo pessoal a aquisição de joias, pedras e metais preciosos; obras de arte e antiguidades de valor histórico ou arqueológico; bebidas alcoólicas; derivados do tabaco; armas e munições; e bens e serviços recreativos, esportivos e estéticos, salvo quando forem necessários à realização de operações pelo contribuinte.

As operações imunes, isentas ou sujeitas a alíquota zero não permitirão a apropriação de crédito para utilização nas operações subsequentes ("crédito para a frente"), pois não houve pagamento de IBS e de CBS na operação e, portanto, não há valor a se creditar. Nas hipóteses de diferimento ou suspensão, o creditamento será admitido somente no momento do efetivo pagamento dos tributos. Com relação ao crédito nas aquisições ("crédito para trás"), as saídas de bens e serviços imunes ou isentos acarretarão a anulação do crédito relativo às operações anteriores do fornecedor. Na exportação, porém, o crédito das aquisições é garantido constitucionalmente. Caso um fornecedor realize operações imunes ou isentas e também operações tributáveis pelo IBS e pela CBS, a anulação dos créditos "para trás" será proporcional ao valor das operações imunes e isentas sobre o valor de todas as operações do fornecedor. No caso de operações sujeitas a alíquota zero, será mantido o crédito relativo às aquisições do fornecedor que realiza tais operações. O PLP 68/2024 prevê o prazo de cinco anos para utilização de créditos e veda a transferência de créditos, ressalvadas as hipóteses de sucessão universal, de fusão, cisão e incorporação, preservandose a data original para contagem do prazo para utilização dos créditos.

9) Simples Nacional.

O optante pelo Simples Nacional poderá exercer a opção de apurar e recolher o IBS e a CBS pelo regime regular. Caso o contribuinte não exerça a opção de apuração pelo regime regular e o recolhimento do IBS e da CBS seja realizado por meio do Simples Nacional:

- não será permitida a apropriação de créditos do IBS e da CBS pelo optante pelo Simples Nacional; e

- será permitida ao contribuinte sujeito ao regime regular do IBS e da CBS a apropriação de créditos do IBS e da CBS correspondentes aos valores desses tributos pagos na aquisição de bens e de serviços de optante pelo Simples Nacional, em montante equivalente ao devido por meio desse regime.

Resumo – Regimes Diferenciados.

Alíquotas de IBS e CBS reduzidas.

Redução em 30%.

Profissões regulamentadas fiscalizadas por conselhos:

I - administradores; II - advogados; III - arquitetos e urbanistas; IV - assistentes sociais; V - bibliotecários; VI - biólogos; VII - contabilistas; VIII - economistas; IX - economistas domésticos; X - profissionais de educação Física; XI - engenheiros e agrônomos; XII - estatísticos; XIII - médicos veterinários e zootecnistas; XIV - museólogos; XV - químicos; XVI - profissionais de relações-públicas; XVII - técnicos industriais; e XVIII - técnicos agrícolas.

Profissões regulamentadas fiscalizadas por conselho profissional, relacionadas à área da saúde, farão jus à redução das alíquotas em 60%, conferida aos serviços de saúde.

Redução em 60%.

- Dispositivos médicos (92) *
- Dispositivos de acessibilidade (26)
- Medicamentos (850)
- Composições enterais e parenterais (71)
- Produtos de cuidados básicos à saúde menstrual (todos) Fast track: para os tipos de bens acima, há

possibilidade de atualização anual para inclusão de dispositivos médicos e medicamentos, atendidos os requisitos definidos

• Serviços de educação
• Serviços de saúde (27)
• Alimentos destinados ao consumo humano (14)
• Produtos de higiene e de limpeza majoritariamente consumidos por famílias de baixa renda (6)
• Produtos agropecuários, aquícolas, pesqueiros, florestais e extrativistas vegetais in natura
• Insumos agropecuários e aquícolas (25)
• Produções nacionais artísticas, culturais, de eventos, jornalísticas e audiovisuais (25)
• Atividades desportivas
• Comunicação institucional (administração pública)
• Bens e serviços relacionados a soberania e segurança nacional, segurança da informação e segurança cibernética (33 – administração pública)
• Operações relacionadas a projetos de reabilitação urbana de zonas históricas e de áreas críticas de recuperação e reconversão urbanística

** Os números escritos entre parênteses referem-se à quantidade de itens beneficiados pela redução.*

Redução a ZERO.

• Dispositivos médicos (33) *
• Dispositivos de acessibilidade (7)
• Medicamentos (383)
• Composições enterais e parenterais
• Produtos de cuidados básicos à saúde menstrual

Compras públicas:

na aquisição dos tipos de bens acima, os itens dos anexos de redução em 60% também serão reduzidos a zero. Fast track: para os tipos de bens acima, há possibilidade de atualização anual ou emergencial para inclusão de dispositivos médicos e medicamentos, atendidos os requisitos definidos
• Serviços prestados por Instituição Científica, Tecnológica e de Inovação (ICT) sem fins lucrativos
• Automóveis adquiridos por pessoas com deficiência e pessoas com transtorno do espectro autista ou por taxistas,
Os números escritos entre parênteses referem-se à quantidade de itens beneficiados pela redução.

Isenção.

• Transporte público coletivo de passageiros rodoviário urbano, semiurbano ou metropolitano.

Créditos presumidos.

• Produtor rural e produtor rural integrado com receita inferior a R$ 3,6 milhões por ano
• Transportador autônomo de carga pessoa física não contribuinte
• Resíduos e demais materiais destinados à reciclagem, reutilização ou logística reversa adquiridos de pessoa fsica, cooperativa ou outra forma de organização
• Bens móveis para revenda.

Regime específico de Combustíveis. Características Gerais do Regime.

Característica	Descrição
Natureza do Imposto	Monofásico (incidência única na cadeia)
Combustíveis Abrangidos	Todos os combustíveis existentes e futuros, definidos pela ANP. Lubrificantes não inclusos.
Base de Cálculo	Quantidade de combustível da operação
Alíquotas	Ad rem, uniformes no país, específicas por produto e com reajuste anual
Critério para fixação das alíquotas	Manutenção da carga tributária atual e gradual até 2033
Divulgação das alíquotas	IBS: Comitê Gestor; CBS: Chefe do Poder Executivo da União
Biocombustíveis e Hidrogênio	Alíquotas específicas para garantir competitividade
Contribuintes	Produtores, refinarias, formuladores, importadores, etc.
Responsabilidade Subsidiária	Participantes da cadeia que concorrem para o não pagamento

Regras Específicas para Biodiesel e Etanol Anidro.

Situação	Responsável Tributário	Observações
Biodiesel e Etanol Anidro Combustível	Refinaria, CPQ, formulador, importador	Responsabilidade proporcional ao percentual de biocombustível na mistura

Situação	Responsável Tributário	Observações
Biodiesel e Etanol Anidro para mistura - Adquirente	Adquirente que promove saída diversa	Recolhimento de IBS e CBS conforme percentual de mistura
Crédito de IBS e CBS	Empresas que consomem combustível (exceto para distribuição, comercialização, etc.)	Crédito assegurado às exportações

Regime específico de operações com bens imóveis. Alíquota reduzida a 20%.

Fato Gerador	Ocorrência	Base de Cálculo	Contribuinte
Alienação de bem imóvel, inclusive decorrente de incorporação imobiliária e de parcelamento de solo	Momento do ato de alienação ou na celebração, inclusive de quaisquer ajustes posteriores, do contrato de alienação, ainda que mediante instrumento de promessa, carta de reserva com princípio de pagamento ou qualquer outro documento representativo de compromisso, ou quando implementada a condição suspensiva a que estiver sujeita a alienação		Alienante de bem imóvel, na alienação de bem imóvel ou de direito a ele relativo
	Momento de cada pagamento ou momento em que o pagamento se tornar devido, o que ocorrer primeiro, na alienação de unidades imobiliárias decorrentes de incorporação imobiliária ou parcelamento de solo,	Valor de referência ou o valor de alienação do bem imóvel, o que for maior, na hipótese de alienação de bem imóvel	

Fato Gerador	Ocorrência	Base de Cálculo	Contribuinte
Ato oneroso translativo ou constitutivo de direitos reais sobre bens imóveis	Momento da celebração do ato, inclusive de quaisquer ajustes posteriores	Valor do ato oneroso translativo ou constitutivo de direitos reais sobre bens imóveis	Aquele que institui ou transmite direitos reais sobre bens imóveis, no ato oneroso institutivo ou translativo de direitos reais sobre bens imóveis

Fato Gerador	Ocorrência	Base de Cálculo	Contribuinte
Locação e arrendamento de bem imóvel	Momento do pagamento ou no vencimento da obrigação de pagar pelo contrato, o que ocorrer primeiro	Valor da locação ou do arrendamento do bem imóvel	Locador ou arrendador, na locação ou arrendamento de bem imóvel
Serviços de administração e intermediação de bem imóvel	Momento do término da prestação do serviço ou do pagamento, o que ocorrer primeiro.	Valor da prestação do serviço	Prestador de serviços de administração e intermediação de bem imóvel

Redutor de Ajuste.

Na alienação, locação ou arrendamento de bem imóvel por contribuinte sujeito ao regime regular do IBS e da CBS, poderá ser deduzido da base de cálculo, até o limite de seu valor, o montante correspondente ao redutor de ajuste.

O redutor de ajuste corresponde:

- no caso de bens imóveis de propriedade do contribuinte em 31 de dezembro de 2026, ao valor de referência do imóvel nesta data;
-
- no caso de bens imóveis adquiridos a partir de 1º de janeiro de 2027 de alienante não sujeito ao regime regular do IBS e da CBS, o valor de ajuste corresponde ao menor entre o valor da aquisição do bem imóvel e o valor de referência do imóvel.

Na locação ou arrendamento de bem imóvel por contribuinte sujeito ao regime regular do IBS e da CBS, a base de cálculo da operação será reduzida, a cada mês, em montante equivalente a 1/360 (um trezentos e sessenta avos) do valor do redutor de ajuste na data de sua constituição. Na alienação do bem imóvel por contribuinte sujeito ao regime regular do IBS e da CBS, a base de cálculo da operação será reduzida em montante equivalente ao saldo do redutor de ajuste na data da operação.

Redutor Social.

Na alienação de bem imóvel residencial novo realizada por contribuinte sujeito ao regime regular do IBS e da CBS, poderá ser deduzido da base de cálculo do IBS e da CBS redutor social no valor de R$ 100.000,00 (cem mil reais) por bem imóvel, até o limite do valor da base de cálculo, após a dedução do redutor de ajuste. Para cada bem imóvel, o redutor social poderá ser utilizado uma única vez.

Considera-se bem imóvel residencial a unidade construída em zona urbana ou rural para fins residenciais, segundo as normas disciplinadoras das edificações da localidade em que se situar e que seja ocupada por pessoa como local de residência. Bem imóvel novo é aquele que não tenha sido ocupado ou utilizado, nos termos do regulamento.

Cadastro Imobiliário Brasileiro – CIB.

Os bens imóveis urbanos e rurais deverão ser inscritos no Cadastro Imobiliário Brasileiro - CIB, integrante do Sistema Nacional de Gestão Territorial – Sinter. O CIB é um inventário dos bens imóveis urbanos e rurais, constituído com dados enviados pelos cadastros de origem. A obra de construção civil receberá identificação cadastral no CIB e a apuração do IBS e da CBS será feita para cada empreendimento de construção civil.

Regimes específicos de serviços financeiros, planos de assistência à saúde e concursos de prognósticos.

	Base de cálculo	Alíquota	Crédito para a frente	Distribuição do IBS
Crédito, captação e repasse, câmbio, TVM, securitização e factoring	Receitas dos serviços financeiros (-) despesas de captação (-) despesas de câmbio (-) perdas com TVM (-) encargos financeiros de instrumentos de dívida contabilizados no PL (-) perdas de principal e juros	Manutenção da carga do PIS/COFINS do setor financeiro	Sim (sobre despesa financeira acima da taxa SELIC, pelo regime de caixa, após a devolução do principal e pagamento da taxa SELIC)	Mesma regra do regime geral (não há identificação dos adquirentes de cada serviço), podendo o regulamento criar um proxy para distribuição
Arrendamento mercantil	Receita de arrendamento (-) despesa de captação, na proporção das operações de arrendamento com não contribuintes (-) perdas de principal e juros, na mesma proporção	Alíquota geral (mesma regra da locação e venda do bem), salvo no caso de bem imóvel, que aplica alíquota do regime específico	Sim (sobre as parcelas do arrendamento e valor residual efetivamente pagos, se o arrendatário for contribuinte)	Mesma regra do regime geral (não há identificação dos adquirentes de cada serviço), podendo o regulamento criar um proxy para distribuição
Administração de consórcio	Todas tarifas, comissões e taxas (1)	Alíquota específica de serviços financeiros	Sim (sobre todas tarifas, comissões e taxas)	Local de domicílio dos consorciados
Seguros e resseguros	Prêmios (+) receitas financeiras na proporção das operações com nãocontribuintes (-) indenizações pagas a não-contribuintes	Alíquota específica de serviços financeiros (2)	Sim (sobre o prêmio, se o segurado for contribuinte)	Local de domicílio dos segurados

(1) Compra do bem por carta de crédito de consórcio segue no regime geral, salvo no caso de bens imóveis, que seguem no seu regime específico.
(2) Alíquota zero nas operações de cosseguro, retrocessão e resseguro por simplificação, sem alterar a carga tributária total do setor.

	Base de cálculo	Alíquota	Crédito para a frente	Distribuição do IBS
Gestão e administração de recursos, inclusive fundos de investimento	Valor da operação	Alíquota específico de serviços financeiros (3)	Não	Local de domicílio dos cotistas
Arranjos de pagamento	Parcela do MDR de cada participante do arranjo (credenciadora, emissor, bandeira) (+) ganhos na antecipação de recebíveis	Alíquota específico de serviços financeiros	Sim (no caso da antecipação de recebíveis, mesma regra dos tomadores das operações de crédito)	Local de domicílio dos credenciados
Operações relacionadas ao FGTS e outros fundos de políticas públicas	Valor da operação	Alíquota para manter a carga tributária	Não	Local de domicílio dos cotistas (4)
Planos de assistência à saúde	Prêmios (+) receita financeira da reserva técnica (-) custos de cobertura com rede credenciada e reembolsos	Alíquota reduzida, correspondente a 40% da alíquota de referência	Não	Local de domicílio dos segurados
Concursos de prognósticos	Apostas (-) premiações (gross gaming revenue - GGR)	Alíquota de referência	Não	Local das apostas e, nas apostas online, local de domicílio dos apostadores

(3) Os prestadores dos demais serviços aos fundos (e.g. contador, auditor, advogado) permanecem com as suas alíquotas.
(4) Quando os cotistas são, exclusivamente, entes governamentais, aplica-se a regra das compras governamentais. O mesmo vale para a concessão de crédito para entes governamentais

Regimes específicos de bares e restaurantes, hotelaria e parques, transporte coletivo de passageiros, SAFs e tratados internacionais.

	Base de cálculo	Alíquota	Apropriação de créditos (crédito "para trás")	Transferência de créditos (crédito "para frente")
Bares e restaurantes, inclusive lanchonetes	Valor da operação de fornecimento de alimentação e bebidas, excluída a gorjeta repassada integralmente ao empregado.	Corresponderão a percentual das alíquotas padrão de cada ente federativo e serão calculadas para manter a carga tributária atual destas operações.	Não podem apropriar créditos nas suas aquisições.	Adquirentes de alimentação e bebidas fornecidos por bares e restaurantes não podem apropriar crédito.
Hotelaria, Parques de Diversão e Parques Temáticos	Valor da operação com serviços de hotelaria, parques de diversão e parques temáticos.	Corresponderão a percentual das alíquotas padrão de cada ente federativo e serão calculadas para manter a carga tributária atual destas operações.	Não podem apropriar créditos nas suas aquisições.	Adquirentes de alimentação e bebidas fornecidos por bares e restaurantes não podem apropriar crédito.
Transporte coletivo de passageiros ferroviário e hidroviário urbanos, semiurbanos e metropolitanos	Valor da operação com serviços de transporte coletivo de passageiros ferroviário e hidroviário urbanos, semiurbanos e metropolitanos.	Alíquotas reduzidas em 99%.	Não podem apropriar créditos nas suas aquisições.	Adquirentes não podem apropriar créditos.
Transporte coletivo de passageiros rodoviário, ferroviário e hidroviário intermunicipais e interestaduais	Valor da operação com serviços de transporte coletivo de passageiros ferroviário e hidroviário intermunicipais e interestaduais.	Corresponderão a percentual das alíquotas padrão de cada ente federativo e serão calculadas para manter a carga tributária atual destas operações.	Podem apropriar créditos nas suas aquisições	Adquirentes não podem apropriar créditos

	Base de cálculo	Alíquota	Apropriação de créditos (crédito "para trás")	Transferência de créditos (crédito "para frente")
Transporte coletivo de passageiros aéreo regional	Valor da operação com serviços de transporte coletivo de passageiros aéreo regional.	Alíquotas reduzidas em 40%.	Podem apropriar parcialmente os créditos nas suas aquisições, na proporção da redução da alíquota.	Adquirentes podem apropriar créditos.
Agências de Viagens e Agências de Turismo	Venda de passagens aéreas por agências: Valor da operação; Demais serviços de intermediação: valor da operação, deduzidos os valores repassados para os fornecedores intermediados pela agência.	Venda de passagens aéreas por agências: Mesma aplicável ao transporte aéreo regional ou aos demais serviços de transporte aéreo, conforme o caso. Demais serviços: Mesma aplicável aos serviços de hotelaria, parques de diversão e parques temáticos.	Podem apropriar créditos nas suas aquisições desde que os valores não sejam deduzidos da base de cálculo.	Venda de passagens aéreas por agências: adquirentes podem apropriar créditos. Demais serviços: Adquirentes não podem apropriar créditos.

Imposto Seletivo.

	Produtos Abrangidos (NCM)	**Base de Cálculo**	**Alíquotas (a serem definidas em lei ordinária)**
Aquisição de Veículos	Automóveis de passageiros e outros veículos automóveis principalmente concebidos para transporte de pessoas, incluindo os veículos de uso misto (8703.21.00; 8703.22.10; 8703.22.90; 8703.23.10; 8703.23.90; 8703.24.10; 8703.24.90; 8703.3; 8703.40.00; 8703.50.00; 8703.60.00; 8703.70.00; 8703.90.00); Veículos automóveis para transporte de mercadorias equipados unicamente com motor de pistão, de ignição por compressão (diesel ou semidiesel) ou de ignição por centelha (faísca) de peso em carga máxima (bruto) não superior a 5 toneladas (8704.21.10; 8704.21.20; 8704.21.30; 8704.21.90; 8704.31.10; 8704.31.20; 8704.31.30; 8704.31.90); Veículos automóveis para transporte de mercadorias equipados para propulsão, simultaneamente, com motor de pistão de ignição por compressão - diesel ou semidiesel - e motor elétrico ou motor de pistão de ignição por centelha (faísca) e motor elétrico de peso em carga máxima (bruto) não superior a 5 toneladas (8704.41.00, 8704.51.00); Veículos automóveis para transporte de mercadorias equipados unicamente com motor elétrico para propulsão (8704.60.00).	Valor de venda na comercialização; - Valor de arremate na arrematação; - Valor de referência na transação não onerosa ou no consumo do bem (em metodologia a ser definida em ato do chefe do poder Executivo com base em bolsas de mercadorias e futuros, em agências de pesquisa ou em agências governamentais, reconhecidas e confiáveis); ou - Valor contábil de incorporação do bem ao ativo imobilizado. (1)	Ad Valorem. Para o caso dos veículos, as alíquotas podem ser aumentadas ou diminuídas conforme enquadramento nos seguintes critérios: (i) potência do veículo; (ii) eficiência energética; (iii) desempenho estrutural e tecnologias assistivas à direção; (iv) reciclabilidade de materiais; (v) pegada de carbono; e (vi) densidade tecnológica. Redução da alíquota a zero para veículos que atendam critérios de sustentabilidade ambiental; ou sejam adquiridos por pessoa com deficiência, até o limite de R$ 200 mil, ou taxistas, cujo direito tenha sido reconhecido pela RFB. (2)

Imposto Seletivo.

	Produtos Abrangidos (NCM) Base de Cálculo	Alíquotas (a serem definidas em lei ordinária)
Aquisição de Embarcações e Aeronaves	Helicópteros, aviões e outros (1) veículos aéreos (8802), exceto veículos espaciais (8802.60.00); Iates e outros barcos e embarcações de recreio ou de esporte com motor classificadas na posição NCM 8903.	Ad Valorem. (2)
Produtos Fumígenos	Tabaco não-manufaturado (2401); Charutos, cigarrilhas e cigarros (2402); Outros produtos de tabaco e seus sucedâneos, manufaturados; tabaco "homogeneizado" ou "reconstituído"; extratos e molhos de tabaco (2403); Produtos que contenham tabaco, tabaco reconstituído, nicotina ou sucedâneos do tabaco ou da nicotina, destinados à inalação sem combustão; outros produtos que contenham nicotina destinados à absorção da nicotina pelo corpo humano (2404).	Ad Valorem e Ad Rem (NCM 2402) e somente Ad valorem (demais produtos fumígenos)
Bebidas Alcóolicas	Cervejas de Malte (2203); Vinhos (2204); Vermutes (2205); outras bebidas fermentadas – por exemplo sidra, perada, hidromel e saquê (2206); Aguardentes, Uísque, Rum, Vodka, Gim, Licores e outras bebidas de álcool etílico não desnaturado, com um teor alcoólico, em volume, inferior a 80 % volume (2208).	Ad Valorem e Ad Rem. Alíquota Ad Rem deve considerar o produto do teor alcoólico pelo volume da embalagem.
Bebidas Açucaradas	Águas, incluindo as águas minerais e as águas gaseificadas, adicionadas de açúcar ou de outros edulcorantes ou aromaӨzadas (NCM 2202.10.00)	Ad Valorem.

Imposto Seletivo.

	Produtos Abrangidos (NCM)	Base de Cálculo	Alíquotas (a serem definidas em lei ordinária)
Bens Minerais Extraídos	Minérios de ferro e seus concentrados, incluindo as piritas de ferro ustuladas (2601); Óleos brutos de petróleo (2709.00.10); Gás natural liquefeito (2711.11.00); gás natural no estado gasoso (2711.21.00)		Ad Valorem, limitado a 1%. Para o gás natural, caso ele seja desϴnado à utilização como insumo em processo industrial, a alíquota fica reduzida para 0%.

TODOS OS IMPOSTOS, CONTRIBUIÇÕES E TAXAS DO BRASIL.

Antes de detalharmos a lista com todos os impostos, contribuições e taxas cobrados no Brasil, vamos observar a carga tributária e a quantidade aproximada de tributos (impostos, contribuições e taxas) das dez maiores economias do mundo. No caso do Brasil, a informação sobre a carga tributária não inclui os impactos previstos pela Reforma Tributária, que poderá elevar o percentual para aproximadamente 35% do PIB.

1. Estados Unidos
Percentual da carga tributária: 24,5% do PIB
Quantidade de impostos: Aproximadamente 30.

2. China
Percentual da carga tributária: 17,5% do PIB
Quantidade de impostos: Aproximadamente 20.

3. Japão
Percentual da carga tributária: 31,4% do PIB
Quantidade de impostos: Aproximadamente 25.

4. Alemanha
Percentual da carga tributária: 38,2% do PIB
Quantidade de impostos: Aproximadamente 40.

5. Índia
Percentual da carga tributária: 18,0% do PIB
Quantidade de impostos: Aproximadamente 25.

6. Reino Unido
Percentual da carga tributária: 33,5% do PIB
Quantidade de impostos: Aproximadamente 20.

7. França
Percentual da carga tributária: 45,4% do PIB
Quantidade de impostos: Aproximadamente 50.

8. Brasil
Percentual da carga tributária: 33,1% do PIB
Quantidade de impostos: Aproximadamente 93.

9. Itália
Percentual da carga tributária: 42,4% do PIB
Quantidade de impostos: Aproximadamente 45.

10. Canadá
Percentual da carga tributária: 33,0% do PIB
Quantidade de impostos: Aproximadamente 15.

IMPOSTOS, CONTRIBUIÇÕES E TAXAS DO BRASIL.

0. AFRMM – Adicional de Frete para Renovação da Marinha Mercante.
Finalidade: Incentivar a renovação e modernização da frota de embarcações brasileiras. Aplicação: Adicionado ao custo do frete marítimo em operações de transporte de mercadorias.

1. Contribuição à Direção de Portos e Costas (DPC).
Finalidade: Custear ações de segurança e regulamentação da navegação em águas brasileiras. Aplicação: Incide sobre empresas de transporte marítimo.

2. Contribuição à Comissão Coordenadora da Criação do Cavalo Nacional (CCCCN).
Finalidade: Fomentar a criação e o melhoramento genético do cavalo nacional. Aplicação: Incide sobre criadores e entidades relacionadas.

3. Contribuição ao Fundo Nacional de Desenvolvimento Científico e Tecnológico (FNDCT).
Finalidade: Financiar projetos de pesquisa e inovação tecnológica. Aplicação: Incide sobre empresas que se beneficiam de incentivos fiscais.

4. Salário Educação (FNDE).
Finalidade: Financiar a educação básica pública.
Aplicação: Empresas contribuem com uma alíquota de 2,5% sobre a folha de salários.

5. Contribuição ao Funrural.
Finalidade: Financiar a seguridade social dos trabalhadores rurais. Aplicação: Produtores rurais contribuem com um percentual sobre a receita da comercialização de produtos agropecuários.

6. Contribuição ao INCRA.
Finalidade: Promover a reforma agrária e a colonização de terras. Aplicação: Empresas rurais pagam uma contribuição sobre a folha de pagamento.

7. Contribuição ao Seguro Acidente de Trabalho (SAT/GIIL–RAT).
Finalidade: Custear benefícios acidentários para trabalhadores. Aplicação: Incide sobre a folha de pagamento com alíquotas que variam de 1% a 3%, dependendo do risco da atividade.

8. Contribuição ao Sebrae.
Finalidade: Apoiar o desenvolvimento de pequenas e microempresas. Aplicação: Empresas contribuem com 0,3% sobre a folha de pagamento.

9. Contribuição ao SENAC.
Finalidade: Prover educação profissional para o setor de comércio. Aplicação: Empresas do comércio contribuem com 1% sobre a folha de pagamento.

10. Contribuição ao SENAT.
Finalidade: Capacitar trabalhadores do setor de transporte. Aplicação: Incide sobre empresas de transporte.

11. Contribuição ao SENAI.

Finalidade: Oferecer formação profissional para a indústria. Aplicação: Indústrias contribuem com 1% sobre a folha de pagamento.

12. Contribuição ao SENAR.

Finalidade: Promover educação e assistência técnica para o setor rural. Aplicação: Produtores rurais e agroindústrias contribuem com 0,2% sobre a receita.

13. Contribuição ao SESI.

Finalidade: Prover serviços sociais e educacionais aos trabalhadores da indústria. Aplicação: Empresas industriais contribuem com 1,5% sobre a folha de pagamento.

14. Contribuição ao SESC.

Finalidade: Oferecer serviços sociais e culturais ao setor de comércio. Aplicação: Empresas do comércio contribuem com 1,5% sobre a folha de pagamento.

15. Contribuição ao SESCOOP.

Finalidade: Desenvolver o cooperativismo no Brasil. Aplicação: Cooperativas contribuem com 2,5% sobre a folha de pagamento.

16. Contribuição ao SEST.

Finalidade: Prover serviços de saúde e educação para trabalhadores do setor de transporte. Aplicação: Empresas do setor de transporte contribuem com um percentual sobre a folha de pagamento.

17 e 18. Contribuições Confederativas Laboral e Patronal
Finalidade: Financiar entidades sindicais. Aplicação:
Contribuições facultativas para empregados e
empregadores.

19. CIDE Combustíveis.
Finalidade: Financiar projetos de infraestrutura de
transporte. Aplicação: Incide sobre a importação e
comercialização de combustíveis.

20. CIDE Remessas Exterior.
Finalidade: Incentivar o desenvolvimento de tecnologia
no Brasil. Aplicação: Incide sobre remessas ao exterior
relacionadas a royalties e assistência técnica.

21. Contribuição para Assistência Social e Educacional
aos Atletas Profissionais (FAAP).
Finalidade: Oferecer benefícios sociais a atletas.
Aplicação: Incide sobre salários de atletas.

22. Contribuição para Custeio do Serviço de Iluminação
Pública.
Finalidade: Manter e expandir a iluminação pública.
Aplicação: Cobrada dos cidadãos na fatura de energia
elétrica.

23. CONDECINE – Contribuição para o
Desenvolvimento da Indústria Cinematográfica Nacional.
Finalidade: Fomentar a produção audiovisual brasileira.
Aplicação: Incide sobre empresas de radiodifusão e
telecomunicações.

24. Contribuição para o Fomento da Radiodifusão Pública
Finalidade: Apoiar as emissoras de rádio e TV públicas.
Aplicação: Incide sobre empresas de radiodifusão.

25. Contribuição Previdenciária sobre a Receita Bruta
(CPRB).
Finalidade: Substituir a contribuição previdenciária
patronal sobre a folha de pagamento, aplicando-se sobre a
receita bruta. Aplicação: Empresas de setores específicos
podem optar por esta modalidade de contribuição.

26 e 27. Contribuição Sindical Laboral e Patronal
Finalidade: Financiar entidades sindicais de empregados e
empregadores. Aplicação: Contribuições facultativas após
a reforma trabalhista, incidem sobre trabalhadores e
empresas, respectivamente.

28. COFINS – Contribuição para o Financiamento da
Seguridade Social.
Finalidade: Financiar a seguridade social, que inclui
saúde, previdência e assistência social. Aplicação: Incide
sobre a receita bruta das empresas, com alíquotas
variando entre 3% (cumulativa) e 7,6% (não cumulativa).

29. CBS – Contribuição sobre Bens e Serviços.
Finalidade: Substituir a COFINS e o PIS/PASEP no
contexto da reforma tributária. Aplicação: Prevista para
incidir sobre operações com bens e serviços, com alíquota
prevista de 8,8%.

30. CSLL – Contribuição Social sobre o Lucro Líquido.
Finalidade: Financiar a seguridade social. Aplicação:
Incide sobre o lucro líquido das empresas, com alíquotas
de 9% para a maioria das empresas e 15% para
instituições financeiras.

31. Contribuições aos Órgãos de Fiscalização Profissional
Finalidade: Financiar conselhos profissionais, como
OAB, CRC, CREA, entre outros. Aplicação: Profissionais
regulamentados e empresas devem pagar contribuições
anuais.

32. Contribuições de Melhoria.
Finalidade: Custear obras públicas que valorizam
propriedades privadas, como asfaltamento, esgoto e
calçamento. Aplicação: Cobradas dos proprietários
beneficiados pela valorização.

33. Fundo Aeroviário (FAER).
Finalidade: Financiar o desenvolvimento do setor aéreo.
Aplicação: Incide sobre empresas de aviação civil.

34. Fundo de Combate à Pobreza.
Finalidade: Reduzir as desigualdades sociais. Aplicação:
Pode incidir adicionalmente sobre alíquotas de ICMS e
outros tributos.

35. Fundo Estadual de Equilíbrio Fiscal (FEEF).
Finalidade: Auxiliar estados em dificuldades financeiras.
Aplicação: Incide sobre a arrecadação de ICMS,
conforme legislação estadual.

36. Fundo de Fiscalização das Telecomunicações (FISTEL).
Finalidade: Fiscalizar e regular o setor de telecomunicações. Aplicação: Incide sobre empresas do setor, com alíquotas variáveis conforme o tipo de serviço prestado.

37. Fundo de Garantia por Tempo de Serviço (FGTS).
Finalidade: Proteger o trabalhador demitido sem justa causa. Aplicação: Empregadores depositam 8% do salário mensal do empregado em uma conta vinculada.

38. Fundo de Universalização dos Serviços de Telecomunicações (FUST).
Finalidade: Promover a universalização dos serviços de telecomunicações. Aplicação: Incide sobre a receita operacional bruta das empresas do setor.

39. Fundo Especial de Desenvolvimento e Aperfeiçoamento das Atividades de Fiscalização (Fundaf)
Finalidade: Custear a fiscalização aduaneira e tributária. Aplicação: Incide sobre operações aduaneiras.

40. Funttel – Fundo para o Desenvolvimento Tecnológico das Telecomunicações.
Finalidade: Fomentar o desenvolvimento tecnológico no setor de telecomunicações. Aplicação: Incide sobre empresas do setor.

41. IBS – Imposto sobre Bens e Serviços.
Finalidade: Substituir o ICMS e o ISS no contexto da reforma tributária. Aplicação: Previsto para incidir sobre bens e serviços, com alíquota estadual de 17,7%.

42. IS – Imposto Seletivo.
Finalidade: Incidir sobre bens e serviços específicos, considerados nocivos à saúde ou ao meio ambiente. Aplicação: Previsto para tributar produtos como cigarros e bebidas alcoólicas.

43. ICMS – Imposto sobre Circulação de Mercadorias e Serviços.
Finalidade: Principal imposto estadual, incide sobre a circulação de mercadorias e serviços de transporte, telecomunicações, entre outros. Aplicação: Alíquotas variam conforme o estado e o tipo de produto ou serviço.

44. Imposto sobre a Exportação (IE).
Finalidade: Regular o comércio exterior e proteger a economia nacional. Aplicação: Incide sobre a exportação de produtos nacionais.

45. Imposto sobre a Importação (II).
Finalidade: Regular o comércio exterior e proteger a indústria nacional. Aplicação: Incide sobre a entrada de produtos estrangeiros no país.

46. IPVA – Imposto sobre a Propriedade de Veículos Automotores.
Finalidade: Tributação sobre a propriedade de veículos automotores. Aplicação: Cobrado anualmente com alíquotas que variam de 1% a 4% conforme o estado e tipo de veículo.

47. IPTU – Imposto sobre a Propriedade Predial e Territorial Urbana.
Finalidade: Financiar os serviços municipais. Aplicação: Incide sobre a propriedade de imóveis urbanos, com alíquotas definidas pelos municípios.

48. ITR – Imposto sobre a Propriedade Territorial Rural.
Finalidade: Regular o uso da terra e combater a especulação imobiliária rural. Aplicação: Incide sobre imóveis rurais.

49. IR – Imposto sobre a Renda e Proventos de Qualquer Natureza.
Finalidade: Principal imposto federal sobre a renda. Aplicação: Incide sobre a renda de pessoas físicas e jurídicas, com alíquotas progressivas.

50. IOF – Imposto sobre Operações de Crédito, Câmbio e Seguros.
Finalidade: Regular o mercado financeiro. Aplicação: Incide sobre operações de crédito, câmbio, seguro e títulos.

51. ITCMD – Imposto sobre Transmissão Causa Mortis e Doação.

Finalidade: Tributar a transferência de bens em caso de herança ou doação.

Aplicação: Cobrado pelos estados, com alíquotas variáveis conforme o valor dos bens transmitidos.

52. ISS – Imposto sobre Serviços de Qualquer Natureza.

Finalidade: Financiar serviços municipais..

Aplicação: Incide sobre a prestação de serviços, com alíquotas que variam entre 2% e 5%, dependendo do município e do tipo de serviço.

53. PIS/PASEP – Programa de Integração Social e Programa de Formação do Patrimônio do Servidor Público.

Finalidade: Financiar o seguro-desemprego e o abono salarial para trabalhadores.

Aplicação: Incide sobre a receita bruta das empresas, com alíquotas de 0,65% (cumulativo) e 1,65% (não cumulativo), e será substituído pelo CBS com a reforma tributária.

54. Simples Nacional.

Finalidade: Simplificar a tributação para micro e pequenas empresas, unificando vários tributos em uma única guia de pagamento.

Aplicação: Empresas com faturamento de até R$ 4,8 milhões anuais podem optar pelo regime, pagando alíquotas variáveis de acordo com a faixa de faturamento e setor de atuação.

55. SUDAM e SUDENE – Incentivos Fiscais para as Regiões Norte e Nordeste
Finalidade: Promover o desenvolvimento econômico nas regiões Norte e Nordeste do Brasil.
Aplicação: Empresas dessas regiões podem obter redução ou isenção do Imposto de Renda e outros tributos mediante investimentos em atividades de desenvolvimento regional.

56. TFF – Taxa de Fiscalização de Funcionamento.
Finalidade: Financiar a fiscalização de atividades empresariais pelos municípios.
Aplicação: Cobrada anualmente das empresas que operam em território municipal, com valores variáveis conforme o porte e o tipo de atividade.

57. TFE – Taxa de Fiscalização de Estabelecimento.
Finalidade: Similar à TFF, financia a fiscalização de estabelecimentos comerciais e industriais pelos estados.
Aplicação: Cobrada de empresas conforme seu porte e ramo de atividade.

58. Taxa de Iluminação Pública (CIP ou COSIP).
Finalidade: Financiar a iluminação pública das cidades.
Aplicação: Cobrada mensalmente junto à conta de energia elétrica, com valores que variam conforme o consumo de energia e o município.

59. Taxa de Coleta de Lixo.
Finalidade: Financiar os serviços de coleta e destinação de resíduos sólidos urbanos.
Aplicação: Cobrada pelos municípios, geralmente junto ao IPTU ou à conta de água, com valores que variam conforme a localização e o tipo de imóvel.

60. TUST e TUSD – Tarifas de Uso dos Sistemas de Transmissão e Distribuição.
Finalidade: Custear a utilização das redes de transmissão e distribuição de energia elétrica.
Aplicação: Incide sobre as contas de energia elétrica, sendo cobrada pelas distribuidoras conforme o consumo de cada cliente.

61. Taxas Judiciárias.
Finalidade: Financiar o funcionamento do Poder Judiciário.
Aplicação: Cobradas em processos judiciais, com valores que variam conforme o tipo e o valor da causa.

62. CIDE – Contribuição de Intervenção no Domínio Econômico.
Finalidade: Financiar programas de desenvolvimento de setores específicos, como combustíveis, tecnologia e transporte.
Aplicação: Incide sobre operações de importação e comercialização de petróleo, combustíveis e gás natural, com alíquotas variáveis conforme o produto.

63. CFEM – Compensação Financeira pela Exploração de Recursos Minerais.

Finalidade: Compensar os entes federativos pela exploração de recursos minerais em seus territórios.

Aplicação: Incide sobre o faturamento bruto das empresas mineradoras, com alíquotas que variam conforme o tipo de mineral extraído.

64. Direitos Autorais e Conexos.

Finalidade: Remunerar autores, músicos, artistas e produtores pelo uso de suas obras e criações intelectuais.

Aplicação: Incide sobre a reprodução, execução pública e distribuição de obras protegidas por direitos autorais.

65. Pedágio.

Finalidade: Financiar a construção e manutenção de rodovias concedidas à iniciativa privada.

Aplicação: Cobrados nas praças de pedágio conforme o tipo de veículo e a extensão da via percorrida.

66. Taxa de Combate a Incêndios.

Finalidade: Financiar os serviços de prevenção e combate a incêndios.

Aplicação: Cobrada por alguns estados ou municípios, geralmente junto ao IPTU ou a outras taxas, com valores variáveis conforme o imóvel e a localização.

67. Taxa de Conservação e Limpeza Pública.
Finalidade: Custear a manutenção de áreas públicas, incluindo serviços de limpeza e conservação de ruas e parques.
Aplicação: Cobrada pelos municípios, normalmente junto ao IPTU, com valores variáveis conforme o tipo de imóvel.

68. TCIF – Taxa de Controle Administrativo de Incentivos Fiscais.
Finalidade: Fiscalizar os incentivos fiscais concedidos a empresas e garantir o cumprimento das obrigações associadas a esses benefícios.
Aplicação: Cobrada das empresas que recebem incentivos fiscais, com valores que variam conforme o incentivo concedido.

69. TCFA – Taxa de Controle e Fiscalização Ambiental.
Finalidade: Financiar a fiscalização ambiental e o controle de atividades que possam causar danos ao meio ambiente.
Aplicação: Cobrada anualmente pelo IBAMA de empresas que exercem atividades potencialmente poluidoras, com valores definidos de acordo com o porte da empresa e o grau de risco ambiental.

70. Taxa de Controle e Fiscalização de Produtos Químicos.

Finalidade: Controlar e fiscalizar a produção, comercialização e transporte de produtos químicos controlados.

Aplicação: Cobrada de empresas que lidam com produtos químicos sujeitos à fiscalização, com valores que variam conforme a atividade e a quantidade de produtos.

71. Taxa de Emissão de Documentos.

Finalidade: Custear a emissão de documentos oficiais como RG, passaporte, carteira de motorista, entre outros.

Aplicação: Cobrada por órgãos públicos estaduais ou federais, com valores fixos ou proporcionais ao tipo de documento.

72. TFAC – Taxa de Fiscalização da Aviação Civil.

Finalidade: Financiar a fiscalização das atividades relacionadas à aviação civil.

Aplicação: Cobrada pela ANAC de empresas do setor aeronáutico, como companhias aéreas e aeroportos, com valores variáveis conforme o tipo de atividade.

73. Taxa de Fiscalização da Agência Nacional de Águas (ANA).

Finalidade: Financiar a fiscalização e controle do uso dos recursos hídricos.

Aplicação: Cobrada das empresas que utilizam recursos hídricos em suas atividades, com valores determinados conforme o porte da empresa e o volume de água utilizado.

74. Taxa de Fiscalização CVM (Comissão de Valores Mobiliários).
Finalidade: Financiar a fiscalização do mercado de capitais brasileiro.
Aplicação: Cobrada de empresas listadas em bolsa de valores, corretoras e outros participantes do mercado, com valores proporcionais ao porte da empresa e ao volume de operações realizadas.

75. Taxa de Fiscalização de Sorteios, Brindes ou Concursos.
Finalidade: Controlar e fiscalizar sorteios e concursos comerciais.
Aplicação: Cobrada de empresas que promovem esses eventos, com valores variáveis conforme o tipo e o valor total dos prêmios distribuídos.

76. Taxa de Fiscalização de Vigilância Sanitária.
Finalidade: Financiar a fiscalização sanitária de produtos e serviços que afetam a saúde pública.
Aplicação: Cobrada pela ANVISA de empresas do setor de alimentos, medicamentos, cosméticos, entre outros, com valores proporcionais ao porte da empresa e ao risco sanitário das atividades.

77. TFPC – Taxa de Fiscalização dos Produtos Controlados pelo Exército Brasileiro.
Finalidade: Financiar a fiscalização e controle de armas, munições, explosivos e outros produtos controlados pelo Exército.
Aplicação: Cobrada das empresas que fabricam, comercializam ou transportam esses produtos, com valores definidos conforme a atividade e o volume dos produtos.

78. TAFIC – Taxa de Fiscalização e Controle da Previdência Complementar.
Finalidade: Financiar a supervisão das entidades de previdência complementar fechada..
Aplicação: Cobrada das entidades de previdência fechada, com valores variáveis conforme o patrimônio administrado e o número de participantes.

79. Taxa de Licenciamento Anual de Veículo
Finalidade: Financiar a manutenção e fiscalização do registro de veículos automotores.
Aplicação: Cobrada anualmente pelos estados, com valores que variam conforme o tipo e a idade do veículo.

80. Taxa de Licenciamento, Controle e Fiscalização de Materiais Nucleares e Radioativos.
Finalidade: Financiar o controle e fiscalização do uso de materiais nucleares e radioativos.
Aplicação: Cobrada de empresas que lidam com esses materiais, com valores proporcionais ao volume e tipo de atividade.

81. Taxa de Licenciamento para Funcionamento e Alvará Municipal.
Finalidade: Financiar a fiscalização de atividades econômicas no âmbito municipal.
Aplicação: Cobrada das empresas para a emissão de alvará de funcionamento, com valores que variam conforme o porte e o ramo de atividade.

82. Taxa de Pesquisa Mineral (DNPM).
Finalidade: Financiar a pesquisa e fiscalização de atividades mineradoras.
Aplicação: Cobrada pelo Departamento Nacional de Produção Mineral (DNPM) das empresas que realizam pesquisas minerais, com valores proporcionais à área explorada.

83. Taxa de Serviços – Zona Franca de Manaus.
Finalidade: Financiar a fiscalização e controle das atividades na Zona Franca de Manaus.
Aplicação: Cobrada das empresas que operam na Zona Franca, com valores que variam conforme o tipo de atividade.

84. Taxa de Serviços Metrológicos.
Finalidade: Financiar os serviços de verificação de instrumentos de medição, como balanças e taxímetros.
Aplicação: Cobrada pelo INMETRO, com valores proporcionais ao tipo de instrumento e à periodicidade de verificação.

85. Taxa de Utilização de Selo de Controle.
Finalidade: Controlar a produção e comercialização de produtos sujeitos à fiscalização especial, como bebidas e cigarros.
Aplicação: Cobrada das empresas que produzem esses produtos, com valores proporcionais ao volume de produção e à quantidade de selos utilizados.

86. Taxas ao Conselho Nacional de Petróleo (CNP).
Finalidade: Financiar a regulação e fiscalização das atividades petrolíferas.
Aplicação: Cobrada das empresas que operam na exploração, refino e distribuição de petróleo, com valores proporcionais ao volume de produção e comercialização.

87. Taxa de Outorga e Fiscalização – Energia Elétrica
Finalidade: Financiar a concessão e fiscalização dos serviços de energia elétrica.
Aplicação: Cobrada das empresas concessionárias de energia elétrica, com valores variáveis conforme a extensão e o volume de distribuição de energia.

88. Taxa de Outorga – Rádios Comunitárias.
Finalidade: Financiar a concessão e fiscalização de rádios comunitárias.
Aplicação: Cobrada das emissoras de rádio comunitária, com valores fixos para a concessão e renovação de outorgas.

89. Taxa de Outorga – Serviços de Transportes Terrestres e Aquaviários.
Finalidade: Financiar a concessão e fiscalização dos serviços de transporte.
Aplicação: Cobrada das empresas que operam concessões de transporte terrestre e aquaviário, com valores proporcionais ao porte da empresa e à extensão dos serviços prestados.

90. Taxas de Saúde Suplementar – ANS.
Finalidade: Financiar a fiscalização das operadoras de planos de saúde.
Aplicação: Cobrada pela ANS das operadoras de planos de saúde, com valores proporcionais ao número de beneficiários e ao porte da empresa.

91. Taxa de Utilização do SISCOMEX.
Finalidade: Financiar o sistema integrado de comércio exterior (SISCOMEX).
Aplicação: Cobrada das empresas que realizam operações de importação e exportação, com valores proporcionais ao volume e tipo de operação.

92. Taxas do Registro do Comércio (Juntas Comerciais)
Finalidade: Custear o registro de empresas nas juntas comerciais dos estados.
Aplicação: Cobrada das empresas no momento de sua constituição, alteração ou baixa, com valores variáveis conforme o porte da empresa.

93. Taxas Judiciárias,
Finalidade: Custear o funcionamento do Poder Judiciário.
Aplicação: Cobrada em processos judiciais, com valores proporcionais ao valor da causa e ao tipo de processo.

94. Taxas Processuais do Conselho Administrativo de Defesa Econômica – CADE,
Finalidade: Financiar as atividades do CADE no controle e repressão de práticas anticoncorrenciais.
Aplicação: Cobrada em processos administrativos que envolvem fusões, aquisições e práticas de defesa econômica, com valores proporcionais ao porte das empresas envolvidas e ao impacto econômico da operação.

ÍNDICE DO PL 68/2024.

REDAÇÃO FINAL DA CÂMARA DOS DEPUTADOS
link:
https://legis.senado.leg.br/sdleg-getter/documento?
dm=9725946&ts=1725410367618&disposition=inline

TRAMITAÇÃO NO SENADO FEDERAL
link:
https://www25.senado.leg.br/web/atividade/materias/-/materi
a/164914#tramitacao_10875162

ANEXO II
SERVIÇOS DE EDUCAÇÃO SUBMETIDOS À REDUÇÃO DE 60% (SESSENTA
POR CENTO) DAS ALÍQUOTAS DO IBS E DA CBS

ANEXO IV
DISPOSITIVOS MÉDICOS SUBMETIDOS À REDUÇÃO DE 60% (SESSENTA POR
CENTO) DAS ALÍQUOTAS DO IBS E DA CBS

ANEXO V
DISPOSITIVOS DE ACESSIBILIDADE PRÓPRIOS PARA PESSOAS COM
DEFICIÊNCIA SUBMETIDOS À REDUÇÃO DE 60% (SESSENTA POR CENTO)
DAS ALÍQUOTAS DO IBS E DA CBS

ANEXO VI
COMPOSIÇÕES PARA NUTRIÇÃO ENTERAL OU PARENTERAL E COMPOSIÇÕES ESPECIAIS E FÓRMULAS NUTRICIONAIS DESTINADAS ÀS PESSOAS COM ERROS INATOS DO METABOLISMO SUBMETIDAS À REDUÇÃO DE 60% (SESSENTA POR CENTO) DAS ALÍQUOTAS DO IBS E DA CBS

ANEXO VII
ALIMENTOS DESTINADOS AO CONSUMO HUMANO SUBMETIDOS À REDUÇÃO
DE 60% (SESSENTA POR CENTO) DAS ALÍQUOTAS DO IBS E DA CBS

ANEXO VIII
PRODUTOS DE HIGIENE PESSOAL E LIMPEZA MAJORITARIAMENTE
CONSUMIDOS POR FAMÍLIAS DE BAIXA RENDA SUBMETIDOS À REDUÇÃO
DE 60% (SESSENTA POR CENTO) DAS ALÍQUOTAS DO IBS E DA CBS

ANEXO IX
INSUMOS AGROPECUÁRIOS E AQUÍCOLAS SUBMETIDOS À REDUÇÃO DE 60%
(SESSENTA POR CENTO) DAS ALÍQUOTAS DO IBS E DA CBS

ANEXO X
PRODUÇÕES NACIONAIS ARTÍSTICAS, CULTURAIS, DE EVENTOS,
JORNALÍSTICAS E AUDIOVISUAIS SUBMETIDAS À REDUÇÃO DE 60%
(SESSENTA POR CENTO) DAS ALÍQUOTAS DO IBS E DA CBS

ANEXO XI
BENS E SERVIÇOS RELACIONADOS À SOBERANIA E À SEGURANÇA
NACIONAL, À SEGURANÇA DA INFORMAÇÃO E À SEGURANÇA CIBERNÉTICA
SUBMETIDOS À REDUÇÃO DE 60% (SESSENTA POR CENTO) DAS
ALÍQUOTAS DO IBS E DA CBS

ANEXO XII
DISPOSITIVOS MÉDICOS SUBMETIDOS À REDUÇÃO A ZERO DAS
ALÍQUOTAS DO IBS E DA CBS

ANEXO XIII
DISPOSITIVOS DE ACESSIBILIDADE PRÓPRIOS PARA PESSOAS COM
DEFICIÊNCIA SUBMETIDOS À REDUÇÃO A ZERO DAS ALÍQUOTAS DO IBS
E DA CBS

ANEXO XIV
MEDICAMENTOS SUBMETIDOS À REDUÇÃO A ZERO DAS ALÍQUOTAS DO IBS
E DA CBS

ANEXO XV
PRODUTOS HORTÍCOLAS, FRUTAS E OVOS SUBMETIDOS À REDUÇÃO DE
100% (CEM POR CENTO) DAS ALÍQUOTAS DO IBS E DA CBS

ANEXO XVI
LIMITE INFERIOR PARA FIXAÇÃO DA ALÍQUOTA PRÓPRIA EM PROPORÇÃO
DA ALÍQUOTA DE REFERÊNCIA

ANEXO XVII
BENS E SERVIÇOS SUJEITOS AO IMPOSTO SELETIVO

ANEXO XVIII
(Lei Complementar nº 123, de 14 de dezembro de 2006)

A CALCULADORA DE IMPOSTOS DA REFORMA.

Criei a calculadora como uma ferramenta cujo propósito é o de oferecer ao leitor uma forma de comparar o sistema tributário atual com o IVA.

A calculadora pode ser acessada no meu site *heronrobledo.com*. Lá tem um link para carregar a calculadora. Se preferir pode usar o QR-Code abaixo:

Para impedir o uso indevido, é necessário fornecer um código de acesso. Este código, por sua vez, está disponível nas páginas deste livro.

A calculadora está disponível nos idiomas Português, Inglês e Espanhol.

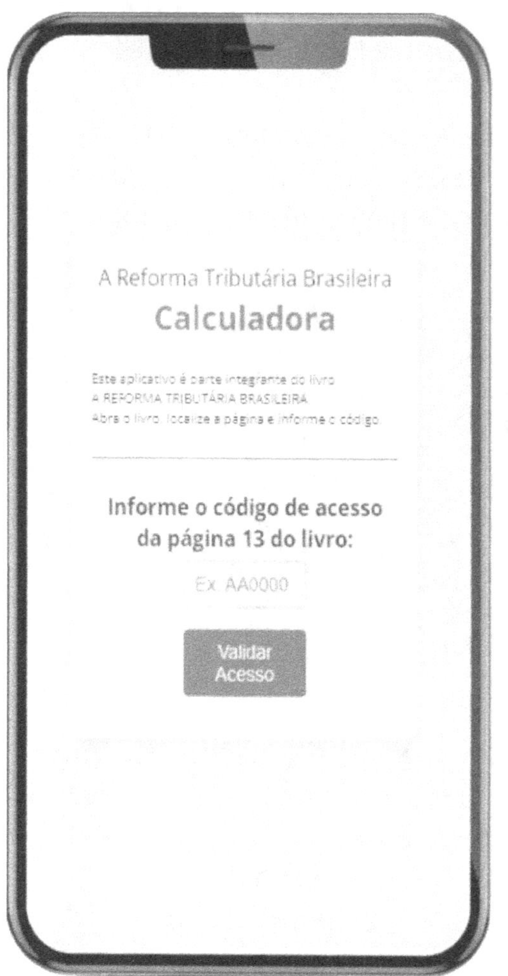

Figura 3.

Acesso à calculadora.

A figura 3 exibe a interface de acesso à calculadora.

Informe o código de acesso como solicitado. Neste exemplo, o aplicativo solicita que você informe o código que está na página 13 deste livro.

Clique no botão "Validar Acesso" para prosseguir.

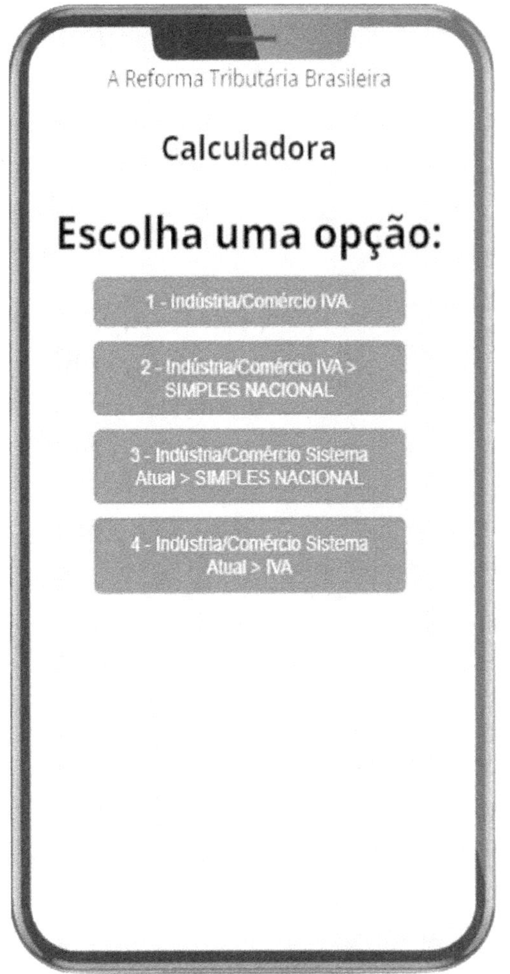

Figura 4.

O Painel de Controle da calculadora (figura 4) exibe 4 botões com opções para os contextos disponíveis na calculadora.

Escolha um deles para prosseguir.

	Na Compra	Na Venda
Valor de Comercialização	100,00	200,00
Base de Cálculo do IBS	100,00	100,00
Base de Cálculo do CBS	100,00	100,00
Alíquota do IBS (%)	17,70	17,70
Alíquota do CBS (%)	8,80	8,80
Valor do Imposto		
Carga Tributária (%)		

Figura 5.

Esta é a (figura 5) calculadora que faz uma simulação em operações de compra e venda pelo novo IVA.

O imposto é calculado sobre a diferença, subtraindo os impostos creditados na compra. A carga tributária é calculada sobre o valor de venda.

Figura 6.

O propósito dessa calculadora (figura 6) é fornecer uma comparação entre a tributação pelo IVA e pelo SIMPLES NACIONAL.

Lembre-se de que o SIMPLES não se apropria nem concede direito a crédito de impostos.

Escolha na lista a faixa de tributação do SIMPLES que você quer utilizar na comparação.

Figura 7.

A calculadora da Figura 7 compara o sistema de tributação em vigor com a tributação do SIMPLES NACIONAL.

Escolha a faixa de tributação do SIMPLES que você deseja utilizar na comparação.

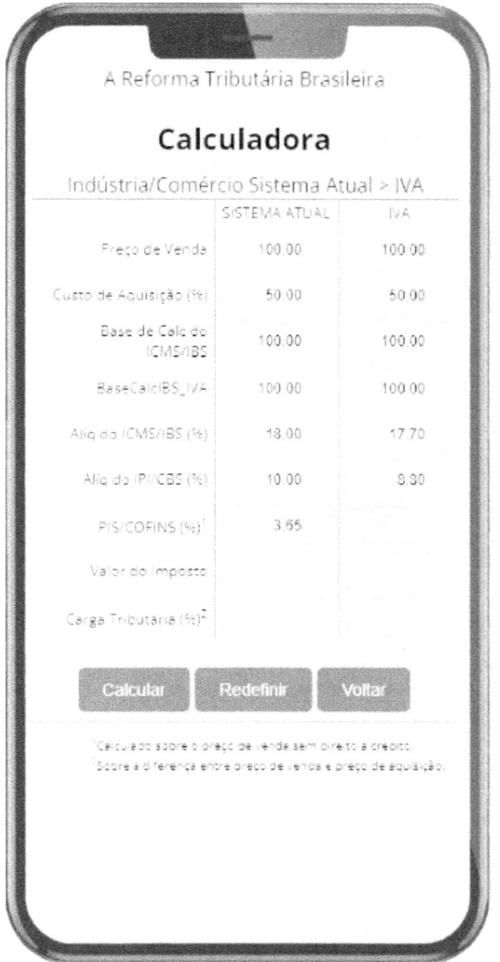

Figura 8.

E, finalmente, essa calculadora compara o sistema tributário em vigor com o IVA.

Como a lógica das calculadoras é utilizar bases de cálculos e alíquotas editáveis, ela pode ser utilizada para simular quaisquer impostos, inclusive sobre serviços.

Do Autor.

Motivado por minha experiência de cinco décadas no mundo dos negócios e pela necessidade de compreender as complexidades da reforma tributária brasileira, escrevi este guia. Com mais de 30 anos de experiência no desenvolvimento de sistemas para empresas de diversos setores, tive a oportunidade de vivenciar de perto os desafios impostos pelo sistema tributário brasileiro.

Acredito que minha perspectiva única, combinada com um profundo conhecimento técnico, pode auxiliar as empresas, desenvolvedores, contabilistas e agentes públicos a navegar pelas mudanças e otimizar seus processos.

Este livro tem como objetivo fornecer uma análise comparativa entre o sistema tributário atual e a reforma proposta, auxiliando o leitor a compreender as implicações das novas regras e a tomar decisões mais assertivas. Ao longo da obra, apresento exemplos práticos e comparativos, com o intuito de facilitar a compreensão dos conceitos e facilitar a adaptação às novas exigências.

Espero que este guia seja útil para todos aqueles que buscam se aprofundar no tema da reforma tributária brasileira.

Heron Robledo.

OBRAS DO AUTOR.

Minhas obras, algumas em mais de um idioma, podem ser conhecidas nos seguintes endereços eletrônicos:

heronrobledo.com

Nos marketplaces a seguir, procure por "heron robledo":

amazon.com
amazon.com.br
loja.uiclap.com.br
clubedeautores.com.br
draft2digital.com

Livros:

Traduções:

    Evangelho – Nova Vulgata Vaticana.
    Evangelho de Maria.
    Evangelho da Infância de Jesus.
    Evangelho de João – Vulgata.
    A História da Igreja – A igreja Primitiva.
    Histórias Verídicas de Navegadores Perdidos.

Estudos religiosos:

101 Perguntas para Deus.
O Espiritismo segundo o Evangelho.

Humor:

TRATADO DE UFOLOGIA E ESCRITA
CALIGRÁFICA.
Uma brincadeira bem humorada com o pessoal que
explora discos voadores e abduções mas que nunca
comprovam.

MANIFESTO HETERO.
Uma brincadeira saudável com o pessoal LGBT.

Realismo Fantástico:

O RESGATE DA TERRA.
Uma aventura sobre a recriação da Terra levada a
cabo por Crianças especiais cujos prometidos são
almas gêmeas. A Terra é reconstruída no Monte
Roraima com a ajuda de Cyclopes.
Dragões e Alienígenas bonzinhos completam a
história.

A MÁQUINA DECIDE.
Uma inteligência artificial toma a mente e o corpo
de uma jovem de 25 anos e a transforma na mulher
mais bonita e poderosa da Terra.

A CIA E O GOLPE DE 64 NO BRASIL.
Uma paródia bem-humorada com esta parte da
história do Brasil. John Turner - um agente da CIA
atrapalhado mas charmoso - leva a cabo a tomado
do poder fomentando golpistas e anti-golpistas.

ARIMATHEA ORATORIUM.
Em uma seção espírita inesperada José de
Arimatéia conta histórias inéditas sobre Jesus e o
Santo Graal.

O CURSO PRÁTICO DE MITÓLOGO
INVESTIGATIVO.
Uma aventura de 5 jovens em São Tomé das Letras.
Na história a fada Ângela guia as meninas até
Machu-Pichu onde Acontece um show da Disney
misturado com o show de Taylor Swfit.

9 786501 157382